›Die Zeit ist wie ein endloser Strom. Vergangenheit, Gegenwart und Zukunft sind bloße Momente auf der Reise. Und doch sind alle unauslöschlich miteinander verbunden – wo das eine ist, folgt das andere. Denn das Heute ist das Gestern des Morgen …‹

Peter Quiller

Merlin

Seine Enthüllungen und Prophezeiungen

VERLAG PETER ERD · MÜNCHEN

Merlin Awakes originally published in the English language
by Firebird Books, Poole, Dorset, U.K.
Published in Germany under licence.

Die Deutsche Bibliothek – CIP-Einheitsaufnahme

Quiller, Peter:
Merlin: seine Enthüllungen und Prophezeiungen/Peter Quiller.
(Mit Illustrationen von Courtney Davis.
Aus dem Englischen von Antoinette Gittinger). – München: Erd, 1995
Einheitssacht.: Merlin awakes <dt.>
ISBN 3-8138-0360-0

Umwelthinweis:
Alle bedruckten Materialien dieses Buches sind chlorfrei und umweltfreundlich.

Aus dem Englischen von Antoinette Gittinger
Mit Illustrationen von Courtney Davis

Satz: vwi typo, Herrsching
Druck und Verarbeitung: fgb, Freiburger Graphische Betriebe, Freiburg
Printed in Germany
ISBN 3-8138-0360-0

Inhalt

Vorwort

Viele Monate lang quälte mich die Frage: »Wie soll ich dieses Buch beginnen?« Wenn ich einen oberflächlichen Versuch machte, die vielen wunderbaren Dinge zu erklären, die ich erlebt hatte, dann würden die Rationalisten unter Ihnen zynisch lächeln und mich als »Spinner« bezeichnen.

Diesen Eindruck wollte ich nicht erwecken. Doch ich erkannte, daß ich dem Leser bewußt machen mußte, wie schwierig es für mich war, meine persönlichen Enthüllungen und transzendenten Erfahrungen, die dieses Buch enthält, zu vermitteln. Sie sind subtil und verletzbar, vor allem in der Öffentlichkeit, weshalb ich sie nicht leichthin offenbare.

Aus diesem Grund erkläre ich mit großer Vorsicht, daß dieses Buch von der Wahrheit handelt.

Vielleicht erhebt sich dabei die Frage: Von welcher Wahrheit? Darauf würde ich antworten: Von der Großen Wahrheit.

Für mich war es eine Offenbarung, festzustellen, daß eine solche Wahrheit nur durch mystische Erfahrung zu finden ist. Einen einfacheren Weg gibt es nicht, ja, im Grunde gibt es überhaupt keinen anderen. Es entbehrt nicht der Ironie, daß man diese Wahrheit, wenn man sie entdeckt hat, nicht fassen oder besitzen kann. Sie entzieht sich dem Griff, versucht man, sie einzufangen oder sich an ihr festzuklammern. Man kann lediglich ihre Gegenwart dankbar annehmen.

Die Magie der Artus-Legenden inspirierte mich zu meiner Suche. Sie alle enthalten einen »Eingang«, durch den man zu einem größeren persönlichen Verständnis gelangen kann. Es gibt viele Türen und viele Wege. Dieses Buch handelt von meiner Suche und meinen Erfahrungen auf dem Weg zur Wahrheit.

Merlin erwacht

Vor 1970 hatte ich keinerlei Interesse an den Artus-Sagen. Hätte ich ihnen die geringste Aufmerksamkeit geschenkt, dann wohl nur, um festzustellen, daß sie überhaupt keinen Bezug zur heutigen Zeit haben. Welch ein Irrtum! Gewisse Erlebnisse, die ich während der zweiten Hälfte der 70er Jahre hatte, veränderten meine Einstellung grundlegend.

Es begann Anfang 1975. Ich wachte mitten in einer Märznacht zur Zeit der Frühlings-Tagundnachtgleiche um drei Uhr morgens auf. Zufällig war das der Zeitpunkt meiner Geburt. Mein Bett schien hin und her zu schwanken; in meinem Kopf drehte sich alles. Nur das Gewicht der Bettdecke schien mich daran zu hindern, zur Decke hochzuschweben.

Nein, ich hatte nichts getrunken! Ich traute meinen Augen kaum. Dort, in der Mitte des Schlafzimmers, flutete ein breiter Streifen purpurroter »Lichtenergie« vom Boden zur Decke. Innerhalb dieser subtilen Kraft leuchtete eine Unzahl goldener und silberner Lichtpunkte, die wie Mini-Sternbilder herumwirbelten. Mit offenem Mund betrachtete ich dieses Schauspiel. Der ganze Raum war hell erleuchtet. Da ich ziemlich beunruhigt war, fühlte ich mich verpflichtet, die »Lichterscheinung« irgendwie herauszufordern:

»Wer zum Teufel bist du?«

»WAS BEDEUTET SCHON EIN NAME?« Eine tiefe, dröhnende Stimme klang mir in den Ohren.

»Das ist ja alles recht und gut«, erwiderte ich schwach, »aber wer bist du, und was tust du in meinem Schlafzimmer?«

»Wenn du unbedingt einen Namen haben mußt, nenn mich – Merlin.«

Ich war sprachlos. Die Ungeheuerlichkeit dieser Situation kam mir zum Bewußtsein, und ich starrte die strahlende Erscheinung ungläubig an. Fasziniert beobachtete ich, wie die tanzenden Sternbilder im Rhythmus der Stimme zu pulsieren schienen, wenn »es« sprach. Meines Erachtens hatte die dunkelrote Säule einen Durchmesser von mindestens acht Fuß, da das breite Fenster auf der Ostseite des Raums durch die Erscheinung völlig verdunkelt war. Ihr oberes und unteres Ende schien mit der Decke und dem Boden zu verschmelzen, so daß »es« ungefähr acht Fuß hoch war. Auch die Ecken des Energiefeldes waren verschwommen, statt eine scharf umrissene Linie zu bilden. »Es« war »riesig« und erweckte den Anschein, als ob die Energie einen Teil von sich selbst in den Raum zwängte. In der Mitte der Säule, wo die Sternbilder am dichtesten und ständig in Bewegung waren, leuchtete die Farbe am kräftigsten. Ich zwickte mich mehr als einmal, um festzustellen, ob ich träumte.

Nachdem ich Zeit hatte, zu überlegen, fuhr die Stimme fort:

»Du brauchst keine Angst vor mir zu haben«, sagte sie. »Wir sind alte Freunde, haben viele Male miteinander gearbeitet. Nun wirst du dich wohl an mich erinnern ...«

Die Energiesäule sandte einen hellen Blitz aus, worauf in meinem Kopf ein kurzer betäubender Schmerz entstand. Dann durchflutete ein wunderbares Gefühl des Friedens mein ganzes Wesen; ich schwelgte darin. Seltsam, ich empfand ein Gefühl der Vertrautheit, als »Merlins« Stimme weitersprach:

»Du kannst dich jederzeit an mich wenden, auch wenn ich nicht immer so direkt reagieren kann wie jetzt. Nutze die Zeit, die wir zusammen sind ...«

Es gelang mir, ein hastiges »Danke« zu murmeln, dem ein volltönendes Lachen antwortete, das langsam in einer Reihe von Echos verhallte.

»Du mußt noch viel lernen«, sagte Merlin. »Denk daran, du kannst meine Anwesenheit immer durch die physischen Wahrnehmungen, die du im Augenblick hast, erkennen. In Zukunft werden sie nicht mehr so intensiv sein, aber du wirst wissen, wann ich da bin. Wir müssen über vieles reden. Nicht alle werden dir glauben, denen du von unseren Unterhaltungen berichtest; einige werden dir mißtrauen. Aber das spielt keine Rolle, du wirst nicht versagen ...«

Er ließ noch einmal sein volltönendes Lachen hören, und dann verblaßte die Energie allmählich. Einige Minuten später war ich wieder eingeschlafen, völlig benommen durch das soeben Erlebte und doch seltsam angenehm berührt von der Vorstellung, ihn wiederzusehen.

Ich benötigte eine ganze Weile, um mit dieser neuen Energie in meinem Leben in Einklang zu kommen. Meine Vernunft sagte mir zuerst, dies alles sei nur ein Traum. Aber es ereigneten sich Dinge, die die Echtheit dieses Vorfalls zu bestätigen schienen. Ich erhielt Bücher und Tonbänder, die ich nicht bestellt hatte, die aber in direktem Zusammenhang zu den Artus-Sagen standen. Dazu zählten zum Beispiel der erste Band von Mary Stewarts *Trilogie über Merlin* und Rick Wakemans Schallplatte *King Arthur and the Knights of the Round Table,* die kurz nach der ersten Energiemanifestation bei mir eintrafen.

Von Anfang an begegnete mir Merlin mehr als Energie denn als identifizierbares Individuum. Bald fand ich einen hervorragenden Platz, wo ich mich an ihn wenden konnte – die riesige Eiche am anderen Ende unseres Gartens. Zu bestimmten Zeiten schien die Eiche als ein Kommunikationskanal zu dienen. Merlin schlug vor, bei unseren Dialogen ein Codesystem als Mittel der Identifikation zwischen uns zu benutzen. Wenn mich andere Leute aufsuchten und im Lauf der zwanglosen Unterhaltung eines dieser Codeworte oder »Rufzeichen« nannten, würde ich erkennen, daß sie nicht zufällig anwesend waren. Nach dieser Märznacht änderte sich mein Leben von Grund auf. Es war, als ob das vorherige »Ich« aufgehört hätte zu existieren.

Seit vielen Jahren arbeitete ich als Kameramann. Doch allmählich begann ich, das Interesse daran zu verlieren und sah mich nach etwas anderem um. Vielleicht halten Sie mich für verantwortungslos, aber ich glaubte fest daran, daß sich mein Leben irgendwie verändern mußte. Ich fing an, Gedichte zu schreiben und genoß es sehr. Ich widmete mich wieder den Klassikern, sah sie jetzt mit ganz anderen Augen. Ich ging an die verschiedensten Orte, und der Rhythmus meines Lebens änderte sich völlig. Endlich fand ich Zeit, innezuhalten und über mein Leben nachzudenken. Quer durchs Land unternahm ich lange Wanderungen, interessierte mich plötzlich für alte Gebäude, Kirchen und die Landschaft, so wie sie früher gewesen war. Immer mehr entwickelte ich ein nie zuvor gekanntes historisches Interesse. Dieses Engagement für all die Dinge, die mich umgaben, war wie das Erwachen aus einem Traum. Zum ersten Mal sah ich alles klar und deutlich. Viele Jahre lang war ich blind gewesen.

Es fiel mir leicht, die Idee der Ley-Linien (Kraftlinien) zu akzeptieren, denn an einigen Orten schienen subtile Energien am Werk zu sein, an anderen dagegen nicht. Auch entdeckte ich, daß wahrnehmbare Ströme in den Energien vorhanden waren, denn sie schienen entsprechend den Jahreszeiten, dem Mond und sogar den Menschen, die mich manchmal bei meinen Wanderungen begleiteten, zu- und abzunehmen. Es gibt nämlich Menschen, so habe ich festgestellt, die auf die eine oder andere Art geistige Energien ganz dramatisch beinflussen können.

Merlin machte mich auf alle Arten von seltsamen, charakteristischen Merkmalen und Verhaltensmustern, die wir Menschen aufweisen, und die Abwehr, die wir um uns aufbauen, aufmerksam. So war ich gewissermaßen schon vorbereitet auf einige der speziellen Reaktionen, die ich später erleben sollte. Er wurde ein großer Lehrmeister. Bereits sehr früh entwickelten wir bei unseren Dialogen ein Lehrer/Schüler-Verhältnis. Diese Unterhaltungen drehten sich um alle möglichen Themen, manchmal sogar um höchst ungewöhnliche. Er empfahl mir sogar Bücher, die ich lesen sollte; oft ging er mir in die Buchläden voraus und spornte mich dadurch um so mehr an. Von ihm angeleitet, erfuhr ich, wie zu Beginn des 20. Jahrhunderts das Interesse für prähistorische Stätten und Steinsetzungen wieder aufgelebt war, und es wurde mir bewußt, daß das Wiederauftauchen Merlins damit zusammenhing. Zudem entdeckte ich, inwieweit die Werke von John Cowper Powys, C.S. Lewis und J.R.R. Tolkien dieses Wiedererwachen lange ruhender Energien widerspiegeln.

Angetrieben durch Merlin, lernte ich die Werke von Alfred Watkins, Guy Underwood, John Mitchell, T.C. Lethbridge und anderen Autoren kennen. Allen Werken wohnt eine Überzeugung inne, daß sich etwas Unbekanntes aus der Vergangenheit wieder materialisiert, etwas, das uns enthüllen soll, daß unsere sogenannten »primitiven« Vorfahren bei weitem »bewußter« gelebt hatten, als wir bislang vermuteten, und ein tiefes Verständnis für subtile Energien besaßen.

Merlin führte mich zu vielen alten Stätten, an denen ich das Vorhandensein subtiler Energien spürte – manchmal sind sie noch aktiv, manchmal ruhen sie. Diese Expeditionen erweckten mein Interesse für das Wünschelrutengehen und das Heilen. Bald lernte ich, wie bestimmte Steinsetzungen und Kristalle diese Arbeit begünstigen.

Auch zeigte mir Merlin, Energien freizusetzen; doch riet er oft zur Vorsicht oder wies auf die Beachtung spezieller Details hin. Dies bewog meine Frau zu der Vermutung, Merlin müsse Zugang zu Informationen besitzen, die die Grenzen des Irdischen sprengten. Meiner Frau und mir wurde klar, das ›Merlin‹ lediglich eine Facette eines größeren Ganzen darstellte. Er hat uns in andere Dimensionen geführt, wo wir für einen kurzen Augenblick Welten betreten konnten, die neben unserer eigenen zu existieren scheinen, jenseits unseres vertrauten Rahmens von Raum und Zeit.

Im Laufe der Unterhaltungen offenbarte er mir viele der Ideen und Erläuterungen, die an anderer Stelle in diesem Buch behandelt werden. Er verhalf mir zu größerer Bewußtheit; er vermittelte mir das Gefühl, im Gesamtplan aller Dinge von Nutzen sein zu können. Mein erste Aufgabe bestand darin, anzufangen, an mir selbst zu arbeiten, was ich seither kontinuierlich tue. Ich glaube nicht, daß ich damit je zum Ende kommen werde, auch wenn ich mein Bestes getan habe, um eine nicht gerade leicht zu behandelnde Angelegenheit zu bewältigen.

Bevor man versucht, beim Verströmen höherer Energien auf der physischen Ebene mitzuhelfen, sollte man – nach Merlin – unbedingt zuerst sein inneres Gleichgewicht finden. Er beharrt darauf, daß wir uns an der Schwelle eines neuen Anfangs befinden, daß aber jeder von uns erst sein eigenes Haus bestellen muß, um sich auf die Suche begeben zu können.

Es fällt mir schwer, in Worten auszudrücken, wieviel mir Merlins Führung und Freundschaft über fünfzehn Jahre lang bedeutet haben. In bestimmten Abständen fühle ich seine Anwesenheit, die dann wieder verblaßt. Bei der Aufzeichnung seiner Erläuterungen jedoch, kann ich mich immer auf seinen Rat verlassen, wenn ich ihn benötigen sollte. Dank seiner Worte und seiner bloßen Gegenwart habe ich mich in Bereiche der Spekulation vorgewagt, die weit über alles Irdische hinausgehen. Er hat mir einen Einblick ins kosmische Bewußtsein vermittelt, der schwindelerregend ist. Seine Weisheit hat die tieferen Nischen meines Geistes erreicht und mit vibrierendem neuen Leben erfüllt. Ich glaube, er ist ein Vertreter kosmischer Magie, die eine allgemeine

Anziehungskraft besitzt. Sein erster Besuch war der Beginn einer echten Energie-Symphonie, die mich und meine Familie zu wundervollen Plätzen auf den britischen Inseln führte, wo wir einige faszinierende Menschen trafen. Merlin öffnete die geheimen Stellen meines Herzens und ließ das Licht herein; ja, er brach mir fast das Herz durch die Intensität der verschiedenen Erfahrungen, die ich durch ihn machte. Ich lernte einige recht schwierige Lektionen.

Aber der Anfang war sanft, wenn ich jetzt zurückblicke zum Garten und der Eiche und mir überlege, wie weit ich seither gekommen bin.

›Unsere Worte dienen lediglich als
Mittel zum Zweck;
akzeptiere sie oder lehne sie ab,
ganz wie du willst.
Sie gelangen durch einen physischen
Kanal zu uns und verblassen deshalb.
Visionen können nur schwer aufs
Papier gebannt werden;
ganze Begriffe können auf einen
Blick erfaßt werden, aber Worte
sind nötig, um sie zu beschreiben –
und Worte sind,
in ihrer derzeitigen Form,
beschränkt und einschränkend.

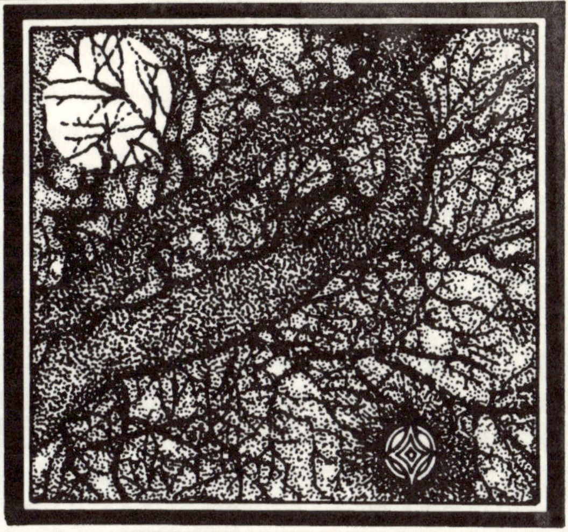

Unter der großen Eiche

Ich habe bereits angedeutet, wie Merlin meine Lektüre beeinflußte. Ein paar Stunden nach seinem ersten Besuch fielen Tolkiens *Der kleine Hobbit* und *Der Herr der Ringe* aus dem Bücherregal, bis ich schließlich nachgab und begann, die Bücher zu lesen. Sie beschrieben eine märchenhafte Fantasiewelt, die verschwommene Erinnerungen in mir weckte, fast, als ob ich die Welt, die Tolkien beschrieb, persönlich kennen würde. Rückblickend glaube ich sagen zu können, daß ich damals anfing, auf einen tieferen Sinngehalt zu reagieren, der auch vielen anderen großen Werken der Literatur, der Kunst und Musik zu eigen ist. Doch ich brauchte lange, um die enorme Tragweite zu begreifen. Merlin stellte ganz gewiß weit mehr dar als nur eine historische Figur, die aufgetaucht war, um mich an das »Goldene Zeitalter« der Vergangenheit zu erinnern.

Die Entdeckung des Konzentrationspunkts unter der Eiche war der Beginn meines Vordringens zu einem tieferen Verständnis. Durch den Anblick einer kindlichen Gestalt, die hinter unserem Hühnerstall verschwand, wurde ich dort hingeführt: Weil wir in letzter Zeit Ärger mit einigen jungen Leuten hatten, die unsere Eier stahlen, brannte ich darauf, die Übeltäter in flagranti zu ertappen. So raste ich durch den Garten, um die Verfolgungsjagd aufzunehmen und flitzte um den Hühnerstall, aber es war niemand da. Da hier niemand verschwinden konnte, ohne daß ich ihn gesehen hätte, war ich ziemlich verwirrt. Plötzlich hörte ich ein helles Lachen in der Nähe unserer Eiche. Ich ging um den Baum herum und sah, wie gerade eine schmale, grüngekleidete Gestalt mit einer roten Mütze im Baum verschwand.

Ich dachte, ich würde träumen, doch ich hatte das Bild noch deutlich vor mir, als ich mich zu dem Baum begab. Ein paar Meter davor beschlich mich das Gefühl leichter Benommenheit, das ich schon so gut kannte. Mir wurde klar, daß ich zu dieser Stelle »geführt« wurde, vermutlich von einer der elfenartigen Gestalten, über die ich im *Herrn der Ringe* gelesen hatte. Ich erkannte die Verbindung zwischen Elfen und Bäumen, die auch in *Lothlorien* (Handlungsort im *Herrn der Ringe)*, einem Ort des Friedens und der mystischen Schönheit eine wichtige Rolle spielt. Deshalb war ich empfänglich dafür, zu spüren, daß ein solcher Ort unter unserer Eiche geschaffen worden war und daß dies wohl die Stelle war, wo ich am besten mit meinem neugewonnenen Freund kommunizieren konnte.

In dem Moment dröhnte die bekannte tiefe Stimme in meinen Ohren:

»Willkommen, willkommen, dreimal willkommen ...«

Dieses Mal erlebte ich keine brillante visuelle Zurschaustellung. Das war auch nicht erforderlich, denn die Energie um den Baum herum war so intensiv, daß ich sie fast berühren konnte. Ich nahm also zwischen den Wurzeln Platz, und Merlin und ich begannen mit der ersten von vielen Diskussionen, die hier im Lauf der Jahre stattfinden sollten. Zum Glück hatte ich, auf Drängen meiner Frau, seit der allerersten Begegnung immer einen Schreibblock und Bleistift bei mir und konnte somit alles, was bei dieser ersten Lehrstunde gesagt wurde, notieren. Wenn mir jemand ein oder zwei Monate davor gesagt hätte, daß ich in nächster Zukunft unter der Eiche in meinem Garten sitzen und mich mit dem Zauberer Merlin unterhalten würde, hätte ich ihn für verrückt erklärt! Doch hier ist die Niederschrift unseres ersten Gedankenaustausches (»Q« bin ich, und »M« ist der Magier):

Q: »Warum hast du mich als Gesprächspartner gewählt?«

M: »Warum nicht?«

Dies brachte mich einen Moment zum Schweigen.

Q: »Was hast du mit mir vor?«

M: »Wie oft muß ich es dir noch sagen? Ich bin mit der Absicht zu dir gekommen, dich zu unterweisen und zu leiten. In Zukunft mußt du viele Aufgaben erfüllen, und du hast die anderen Boten, die wir zu dir gesandt haben, völlig mißachtet.«

Ich saß wie vom Donner gerührt da, völlig verwirrt durch diese Bemerkung, während mich sein ansteckendes Lachen einhüllte wie eine Decke.

M: »Ich führe dich zu bestimmten Büchern, die du lesen sollst, wenn es an der Zeit ist. Du hast ja bereits eine Demonstration meines Einflusses in dieser Richtung bekommen, nicht wahr? (Er kicherte wieder). Belaste deinen Geist nicht mit unnötigem Ballast. Lerne, bei deiner Lektüre besser zu differenzieren. Ich werde es dir beibringen, aber zuerst muß ich dich um etwas bitten. Sprich nie meinen Namen voll aus, wenn es nicht unbedingt sein muß.«

Q: »Warum das?«

M: »Bestimmten gesprochenen Worten wohnt eine Kraft oder Energie inne, die vergeht, wenn sie gedankenlos ausgesprochen werden. Durch die Benutzung des Anfangsbuchstabens ›M‹ wirst du die Verwendung des vollen Namens noch mehr schätzen lernen, er wird so eine tiefere Bedeutung für dich haben. Du wirst herausfinden, daß du damit Bäume erwecken kannst, genauso ruhende Energien. Aber das alles kommt später. Zuerst müssen wir viel diskutieren, damit du neue Wege des Denkens kennenlernst. Stell mir die brennendste Frage, die dich quält ...«

Ich war erstaunt, denn ich hatte in der Tat vorgehabt, ihm eine höchst wichtige Frage zu stellen, die meinen Kindertraum, Priester zu werden, betraf. Aber ich hatte sie aus irgendeinem Grund vermieden.

Innerlich hielt ich den Atem an, als ich fragte: »Über Jesus?«

Nach einer kurzen Pause: »Jesus wen?«

Ich fühlte mich seltsam gekränkt durch diese Antwort, da ich einen Tadel für meinen in letzter Zeit vorherrschenden Agnostizismus erwartete oder zumindest eine Predigt über die Tugenden von Jesus. Seine Antwort wirkte zunächst lächerlich.

Ich schickte mich an, aufzustehen und ins Haus zurückzukehren, als der Zauberer fortfuhr. »Überleg mal. Was wäre, wenn Jesus ein ›Versucher‹ gewesen wäre, der Erfolg hatte? Versuche, damit zurecht zu kommen!«

Q: »Was meinst du damit? Ich bin unglaublich begriffsstutzig, du mußt dich klar ausdrücken.«

M: »Wenn Jesus nicht gelebt hätte, wäre er erfunden worden. Denk darüber nach, wir reden bald wieder darüber.«

Ich saß ruhig da, während sich die Energie um mich herum schnell auflöste. Eine halbe Stunde später saß ich noch immer unter dem Baum, als meine Frau mich zum Essen rief. Können Sie sich vorstellen, wie ich mich fühlte? Mit wenigen Sätzen hatte der Magier mehrere meiner persönlichen Grundeinstellungen erschüttert. Ich begriff, wie schwierig es für jemand anderen sein mußte, nachzuvollziehen, auf welche Weise mich das Vorhandensein der Energie beeinflußte; aber sie war so mächtig und liebevoll, daß ich ihr uneingeschränkt vertraute. Schließlich mußte ich infolge seiner Erläuterungen meine ganze Weltanschauung und Geschichtsauffassung ändern. Ich hatte mir vorgestellt, Merlin würde ausführlich über Jesus sprechen und über den ungeheueren Einfluß des Christentums. Seltsam, er hatte lediglich angedeutet, daß nicht alles so ist, wie es zu sein scheint. Ich konnte unsere nächste Unterredung kaum erwarten. Am nächsten Morgen befand sich die Energie wieder unter dem Baum. Wir fuhren da fort, wo wir aufgehört hatten:

Q: »Sollen wir noch weiter über Jesus reden?«

M: »Natürlich.«

Q: »Erinnerst du dich, was du über Jesus gesagt hast? Es hat mich wahnsinnig gemacht. Könntest du mir das bitte etwas ausführlicher darlegen?«

Von der Energie ging eine Wärme aus, die man als unsichtbares »Lächeln« bezeichnen könnte.

M: »Die Vergöttlichung der Gestalt Jesu hat viele Probleme aufgeworfen. Es ist höchst gefährlich, einen Menschen zum

Gott zu erheben, denn Gott ist kein Mensch. Die Dünkelhaftigkeit mancher Mitglieder der menschlichen Rasse ist manchmal unglaublich. Der ›heilige‹ Paulus zum Beispiel war ein notorischer Frauenfeind, und wo kommen in den Jesus-Legenden Frauen vor? Wenn, dann natürlich nur in untergeordneter Rolle. In der Vergangenheit gab es viele ›Verkünderinnen‹, aber jede Erinnerung an sie wurde durch kirchliche Säuberungen ausgelöscht.

In der Weltgeschichte hat es unzählige christusähnliche Gestalten gegeben, Männer und Frauen. Jede Rasse oder Kultur hat ihre eigenen Verkünder der Wahrheit, und es ist ein Maßstab ihres Erfolgs oder Scheiterns, wie die Botschaft aufgenommen wird. ›Krishna‹ zum Beispiel ist ein anderer Begriff für Christus. Viele Religionsführer oder -lehrer wurden mit diesem Etikett versehen. Aber vergiß nicht: Es ist nur ein Etikett! Verkünder werden oft zu Völkern gesandt, die verloren sind oder die sich zu schnell entwickeln. Sie übermitteln Aspekte der Göttlichen Wahrheit, manchmal als einen Test.

Überleg mal, weshalb aus einer scheinbaren Friedensbotschaft plötzlich eine Botschaft der Gewalt werden sollte? Darin liegt die Verzerrung. GOTT IST LIEBE. Alles, was von den höheren Bewußtseinsebenen kommt, ist erfüllt von dieser Energie, aber der menschliche Empfänger auf der physischen Ebene läßt viel zu wünschen übrig! Als Individuen sind die Menschen isoliert, und es entstanden viele Verzerrungen der Liebesenergie, weil es keine zwei Menschen gibt, die genau gleich denken. Es hängt viel von der Interpretation ab. Die Menschen haben vorgefaßte Meinungen, die sie auf viele der ›Visionen‹ übertragen, die sie empfangen. Genauso verhält es sich mit öffentlichen Helden und Heldinnen.

Überleg mal, wieviel Zeit verstrichen war, bevor die Geschichte Jesu bekannt wurde. Was heute als ›Christentum‹

bezeichnet wird, steht in keinerlei Beziehung zu dem, was vor zweitausend Jahren geschah. Die Probleme begannen mit der Person, die ihr den ›Heiligen Paulus‹ nennt. Er wurde dafür engagiert, den neuen Glauben zu unterminieren und zu korrumpieren, und genau das tat er! Er vergöttlichte Jesus als erster.

Überlege: Jene, die mit einer speziellen spirituellen Absicht zur physischen Ebene gelangen, suchen im allgemeinen nicht die öffentliche Aufmerksamkeit. Jene, die hochkarätige Arbeit leisten, werden selten, wenn überhaupt, von der Mehrheit beachtet, bevor ihr Werk vollendet ist. Folglich werden ihre Handlungen oft falsch gedeutet oder, noch schlimmer, falsch dargestellt. Im allgemeinen geschieht dies lange Zeit, nachdem die tatsächlichen Ereignisse stattgefunden haben. Zu einer Entstellung kommt es dann, wenn skrupellose Menschen beschließen, diese Gestalten für ihre eigenen selbstsüchtigen Zwecke zu benutzen. Was geschieht dann? Es wird ein weiteres ›Idol‹ geschaffen und auf die lange Liste der Persönlichkeiten gesetzt, die die Menschheit im Lauf der Jahrhunderte verehrt hat. Stell dir selbst die Frage, weshalb der Mensch den Heldenkult braucht. Es ist ein seltsamer Riß in deiner Vorstellungswelt und angesichts deiner derzeitigen Verfassung keine leicht zu beantwortende Frage. Versuch, diese Eigenart von allen Seiten zu untersuchen, und dann wirst du erkennen, womit du es zu tun hast ...«

Ich ließ mir mit der Antwort Zeit: »Du willst damit sagen, daß ich herausfinden muß, weshalb die Menschheit so sehr auf Helden fixiert ist? O Gott! Du erwartest wohl etwas zu viel von mir, oder ?«

M: »Du mußt dich mit diesem Element deines Selbst vertraut machen. Untersuche es, und finde heraus, warum es existiert. Warum Superhelden? Warum sind es im allgemeinen Männer? Denk daran, das ist nur eine Facette eines großen Rätsels. Wie komplex es ist, wirst du im Lauf unseres Dialogs erkennen. In diesem Augenblick bin ich dein Superheld geworden. Denk gründlich darüber nach ...«

Nach diesem Gedankenaustausch platzte mir fast der Kopf von all den verblüffenden Enthüllungen. Neue Gedanken erfüllten mich. Ich begann allmählich zu erkennen, daß ich bisher ein völlig leeres Leben geführt hatte. Der Zauberer hatte mich dazu ermutigt, zum ersten Mal in meinem Leben verantwortungsbewußt zu denken.

Gegen Ende unseres Gesprächs gesellte sich mein kleiner Sohn zu uns, und ich beobachtete erstaunt, wie sein kleines Gesicht aufleuchtete, als er die Energie wahrnahm, die mich umgab. Er grinste breit und winkte jemandem oder etwas zu, was ich nicht sehen konnte.

»Sterne!« brüllte er, »Summ, summ!«

Er kicherte und gluckste, als ich ihn auf dem Schoß hielt. Ich wunderte mich, daß er so vertraut mit der Energie war, und dann erinnerte ich mich daran, wie empfänglich die meisten Kinder für sanfte, liebevolle Vibrationen sind. Welchen zusätzlichen Beweises bedurfte es noch?

Dieses Mal löste sich die Energie langsam auf, ließ uns in heiterer Stimmung zurück.

Seit damals bekam ich viele Bestätigungen von allen möglichen Seiten, die die Erklärungen des Magiers über Jesus untermalten. Der Bestseller *The Holy Blood and the Holy Grail* schildert einen ganz anderen Jesus als den der Bibel. Donovan Joyce wirft in seinem Werk *The Jesus Scroll* Fragen zur Vergöttlichung und Auferstehung Jesu auf. Neuerdings wird sogar spekuliert, ob Jesus ein Schwarzer gewesen sein könnte – warum auch nicht?

›Eine Ewigkeit haben wir uns auf eine Zeit vorbereitet, in der unsere Kräfte aufs äußerste angespannt sein würden. Es dürfte deshalb keine Überraschung für uns sein, zu erfahren, daß wir an der Schwelle dieser Zeit stehen.‹

Die Wahrnehmung guter Schwingungen

Es ist jetzt an der Zeit, einen Augenblick innezuhalten und Sie, verehrte Leser, direkt mit den Worten des Zauberers bekannt zu machen, ohne meine Vermittlung. Auf diese Weise kann ich ihn direkt zu Ihnen sprechen lassen. Das wichtigste Thema, das sich in unseren Diskussionen herauskristallisierte, war das natürliche Energiespektrum und der

Mißbrauch, den wir damit treiben. Hier zählt der Zauberer unsere Niederträchtigkeiten auf und zeigt auf, wie wir uns am besten ändern können, als Gemeinschaft und als Individuum. Versuchen Sie, sich eine sehr tiefe, volltönende Stimme voller reicher Kadenzen vorzustellen, die dem Gefühl freien Lauf läßt, und Sie werden den »Kern« dieser Darlegungen genau begreifen.

»Es gibt viele Zeitzyklen, die vom ›Großen Jahr‹ oder dem Vorrücken der Tagundnachtgleiche ausgehen. Diese sind unterteilt in Zeitalter, Weltalter, Jahrtausende und so fort. Jedes Zeitalter besitzt seine eigene Energie, die all jene beeinflußt, deren Lebenszeit in diese Zeit fällt. Du lebst in einer Zeit großer Veränderungen und Transformation.

Viele einschneidende Veränderungen haben sich in deiner Welt in den letzten 150 Jahren vollzogen, aber nicht alle davon waren positiv. Wohl haben sich die materiellen Bedingungen des Menschen verbessert, aber seine spirituellen Bestrebungen haben nachgelassen, und allmählich hat er den Blick für die Verantwortung verloren, die er gegenüber dem schönen Planeten hat, der ihn versorgt. Die meisten von euch kümmern sich nicht mehr darum, sind nicht bereit zu teilen – habgierig reißt ihr alles an euch, verschwendet wenig Gedanken an andere oder eure Zukunft.

Die Raumfähre Erde ist seit allzu langer Zeit ohne Pilot. Einige ihrer Crew-Mitglieder haben zum großen Teil vergessen, wohin der Flug geht und welches das Endziel ist, so daß sie in einer Orgie der Maßlosigkeit die Lager des Raumschiffs plündern. Es ist eure persönliche Pflicht, euch wieder dem Raumschiff anzupassen, das euch trägt, den Blick eurer Mitreisenden wieder zurechtzurücken, wenn ihr könnt. Bald geht die Erde an eure Kinder über; lehrt sie, diese in Ehren zu halten und ihr Mutterschiff kennenzulernen.

Werdet euch der subtilen Energien bewußt, die in euch, durch euch und um euch herum fließen. Stimmt euch auf die Energien ein, die den Planeten selbst durchströmen. Entdeckt wieder die alte Weisheit, die sich eure fernen Ahnen einst aneigneten, und verschmelzt diese mit den größten Errungenschaften der Neuzeit. Allein diese Alchimie lenkt euer Raumschiff wieder in die richtige Bahn, auf der es seine eigentliche Reise fortsetzen kann.

Bringt euch wieder in Einklang mit dem Puls des Universums. Er befindet sich in allen Schwingungen; alles ist davon durchdrungen, sogar ihr selbst. Ihr habt lediglich damit aufgehört, ihn zu beachten, ihn in euch und um euch herum zu fühlen. Dieser Herzschlag des Universums pulsiert durch alle sicht- und unsichtbaren Welten. Alle Lebewesen reagieren freudig darauf – mit Ausnahme des Menschen. Warum seid ihr so ängstlich? Was habt ihr zu verlieren?

Schon sehr bald werden Informationen über die Energiequellen an den Schwingungsknotenpunkten der Erde ins öffentliche Bewußtsein gelangen. Es wird die Aufgabe jener Individuen unter euch sein, die auf solche Energien eingestellt sind, die Botschaft von Licht, Liebe und Frieden in der Dunkelheit zu verbreiten.

Es ist wichtig, daß ihr die Energien wiederentdeckt, die eure Ahnen für sich nutzbar machten. Um dies zu bewerkstelligen, müßt ihr eine Harmonie mit der Erde und mit euch selbst erreichen. Lange Zeiträume der ausgewogenen Ernährung, der Meditation und der Übung werden erforderlich sein, um ein vollkommenes Gleichgewicht zu erreichen. Es wird von euch nicht verlangt, nach totaler Perfektion zu streben, bevor ihr euch in diese Arbeit stürzt, aber eine rechtschaffene Haltung ist die absolute Voraussetzung.

Eine positive Geisteshaltung ist unerläßlich, wenn ihr Erfolg haben wollt. Achtet vor allem auf eure Umwelt, denn diese umschließt alle Lebewesen und bietet euch alle Voraussetzungen für ein gesundes und ausgewogenes Leben. Es ist zu eurem eigenen Schaden, wenn ihr sie mißbraucht!

Die Kräfte, die in der Erde eingeschlossen sind, sind grenzenlos. Sogar fossile Brennstoffe werden völlig überflüssig, wenn ihr diese Energien nutzen könnt. Atomenergie mit Atommüll bedeutet für die Zukunft keine sichere Methode. Fossile Brennstoffe sind bei weitem sicherer, bis eines Tages die »neuen« Energien entdeckt werden.

Die Atomenergie muß erst noch ihre Nutzbarkeit unter Beweis stellen. Vielleicht muß die Nutzung dieser Energien noch warten, bis ihr mehr Reife und Zurückhaltung besitzt. Auch das Licht enthält eine Energie, die ihr erst noch entdecken müßt.

Ihr befindet euch kurz vor der Entdeckung von Techniken, die den Klang in einer Vielfalt von verschiedenen Disziplinen nutzen können. Dies ist aber erst wirkungsvoll, wenn der Klang nicht mehr für militärische Zwecke mißbraucht wird. Dann erst kann sich der weiche, liebevolle Gebrauch des Klangs voll entfalten. Die Musik kann nämlich die »Nahrung der Liebe« sein, denn sie läßt vor dem geistigen Auge Bilder entstehen und kann emphatische Schwingungen mit den höheren Welten erzeugen. Musik sollte zu Heilungszwecken benutzt werden, da sie wunderbar einschläfernd ist, entspannend und beruhigend. Sie kann aber auch anregen und Gefühle wecken.

Nicht immer ist es empfehlenswert, in einem Übermaß von lauter Musik zu schwelgen, ganz gleich welcher Art von Musik.

Diese Art von Schwingung schwächt die Nerven und kann sogar in extremen Fällen die Wahrnehmungsfähigkeit völlig zerstören. Ihr werdet dann vergeblich hoffen, euch auf die neuen Energien »einzustimmen« oder neue Schwingungen wahrzunehmen, wenn euer Zentralnervensystem geschädigt oder abgeschaltet ist. Unkontrollierter Schall kann sehr gefährlich sein.

In Zukunft sollten positive Anstrengungen unternommen werden, um die Nutzung des Klangs auf harmonische Zwecke zu beschränken. Ihr könnt den Schaden kaum ermessen, den ihr durch die unabsichtliche Schaffung von Klangstörungen auf Ebenen anrichtet, die eure eigene übersteigen.

Das Gebet stellt eine positive Energie dar. Gebete um gute und liebevolle Gedanken für die Zukunft sollten zu aller Zeit euer Hauptanliegen sein. In den nächsten Jahren werden liebevolle Schwingungen jeder Art einen immer größeren Stellenwert bekommen, und das Gebet stellt eine kräftige Schwingung dar. Versucht, die verschiedenen Arten von Energie, die ihr ausströmt, schafft oder mit eurer Umgebung teilt, zu erkennen. Die Erde ist ein lebendiger Organismus. Wenn ihr einmal diese Tatsache begriffen habt, werdet ihr verstehen, wie abhängig ihr von ihr seid und wie wichtig es für euch ist, mit eurer Mutter Erde in Einklang zu leben.

Lernt, Energie aus den erwachenden Kraftzentren zu ziehen, vor allem für pädagogische und heilende Zwecke. Leitet diese Energie an jene weiter, die sie dringend benötigen.

Die Kraftzentren der Erde arbeiten mit höheren Schwingungen. Sie dienen dazu, die Lichtenergie auf die physische Ebene zu übertragen, wo sie am meisten benötigt wird. Rechtschaffene Gruppen können dazu beitragen, diese Energien dorthin zu leiten, wo sie am meisten nutzen. Aber die Absichten jedes Individuums, das eine solche Arbeit in Angriff nimmt, müssen völlig selbstlos sein, sonst ist die Energie vergeudet.

Die inneren Ebenen benutzen diese Energien kontinuierlich. Es liegt jetzt an euch, sie in der physischen Welt ins Spiel zu bringen, wenn ihr das selbstmörderische Vorgehen einiger eurer Mitmenschen bremsen wollt. Die Gefahren, die sich aus dem Mißbrauch der Erde ergeben, können gar nicht genug hervorgehoben werden. Ihr alle seid für sie verantwortlich und müßt ihr Achtung entgegenbringen. Wollt ihr zunehmende Verwirrung, Härte und Gefahr vermeiden, sollte von nun an die Erde selbst bei euren Ratsversammlungen mit Sitz und Stimme vertreten sein.

Wenn wir neue Energien in eure Welt verströmen, kommt es zu allen möglichen Extremen; subtile Schwingungen erhöhen alle Emotionen und den Druck auf der physischen Ebene. So ist Gewalt – oft nicht mehr als der Ausdruck menschlicher Verzweiflung – einer der traurigen, negativen Aspekte, wenn die Menschheit sich bemüht, ihre wahre Identität neu zu entdecken. Die Zeiten werden nicht einfach sein, aber jene von euch, die sich auf die neu einströmenden Schwingungen einstimmen können, sollten sie mit Liebe und Mitgefühl für die Mitmenschen anreichern.

Steine, Kristalle, Bäume, Blumen und Büsche und alle Pflanzen verstärken die subtilen Lichtenergien und harmonieren liebevoll mit ihnen. Denkt daran, bestimmte Aspekte dieser Energien nehmen zu und ab, genau wie euer eigener Wille auf eurem persönlichen Weg.

Die höchste subtile Energie wirkt spiralförmig. Sie kann auch in festen oder hohlen geometrischen Gebilden vorhanden sein und kann durch solche Gebilde erhöht, verstärkt oder sogar neu geschaffen werden. Die Lage solcher Konstruktionen und ihre genaue Ausrichtung sind wesentlich für das universale Leben.

Behandelt diese neu auftauchenden Energien mit dem größten Respekt. Es besteht immer die Gefahr der Euphorie oder der übertriebenen Begeisterung, wenn man ihnen das erste Mal ausgesetzt ist. Diese ungehemmte, spontane Reaktion kann zu großen Komplikationen führen. Wenn ihr das Glück habt, auf die neuen Energien eingestimmt zu sein, mißbraucht sie niemals.

Denkt daran, daß es in der Erde auch negative Energien gibt. Wie der menschliche Blutkreislauf besitzt das Erdsystem Energieströme mit positiven und negativen Polen; aber diese können von Zeit zu Zeit, je nach Jahreszeit, Stellung der anderen Planeten und so weiter, wieder verschwinden. Nichts ist auf ewig festgelegt, alles ist in Bewegung. Es ist wichtig, die Schwingungen eines jeden Ortes zu ›vergöttlichen‹, bevor man beginnt, mit den Energien zu arbeiten. Jedes Individuum muß seine eigene Energiespirale entdecken, und zwar, bevor es sich auf die Suche begibt, und dann den Ort, der aufgesucht werden soll, ›vergöttlichen‹. Einige Plätze sagen bestimmten Individuen nicht zu, und umgekehrt. Vergeßt das nie, wenn ihr mit Erdenergien arbeitet, und versucht auch nie, sie zu bändigen oder euch daran festzuklammern, denn sie werden euch bei dem Prozeß behindern.

Der menschliche Körper ist ein sehr heikler Empfänger und Übermittler. Treibt nie Mißbrauch mit eurer Person oder euren Körperenergien durch übermäßigen Genuß von irgend etwas. Arbeitet nur mit Erdenergie, wenn euer Kreislaufsystem korrekt eingestimmt ist, und denkt immer an die

Anweisung, die Energie durch euren Körper strömen zu lassen. Versucht nie, euch daran festzuklammern. Niemand würde lange an einer Sternschnuppe hängen, denn sie würde ihn verbrennen. Vergeßt nicht, ihr seid eine eigenständige Energiekraft: Das Individuum, das ihr in der physischen Welt darstellt, besteht aus einer Reihe von Schwingungen. Sogar eure gesprochenen Worte haben Energie. Wir bitten euch, mit bestimmten Aussprüchen vorsichtig zu sein, da sie nie völlig vergessen werden können. Schließlich tragt ihr ja für sie die Verantwortung.

Was ihr um euch herum in der materiellen Welt seht, besteht aus verschiedenen Schwingungen, und das Ganze wird von euren Sinnen als etwas völlig Festes empfunden. Aber ihr wißt, daß von Grund auf alles aus Atomen und Molekülen besteht, die den Eindruck der Festigkeit erwecken. Folglich könnte alles, was ihr seht, eine Illusion sein. Laßt euch dadurch nicht verunsichern, denn es gilt hier ein physikalisches Grundgesetz: ›Energie kann nicht zerstört, lediglich umgeformt werden‹. Da ihr eine eigene Energiekraft darstellt, ergibt sich folglich, daß auch ihr nie zerstört werden könnt. Ihr braucht den Tod nicht zu fürchten, ist er doch lediglich eine Umwandlung von Energie.

Was ihr in eurer Welt seht, ist das, was ihr daraus gemacht habt, aber überlegt folgendes: Die Erde liefert alles, was ihr fürs Leben und den Lebensunterhalt benötigt. Innerhalb der Grenzen der Erde selbst finden sich alle Antworten. Es liegt an euch, die passenden Fragen zu finden. Alle diese Antworten sind untrennbar mit Energien verbunden; ihr braucht euch lediglich darauf einzustellen und zu begreifen, wie ihr die Ideen, die darin enthalten sind, formulieren könnt.

In euren Mythen wurde vermutet, daß Merlin von einem jungen Mädchen in einen Felsen oder eine Höhle eingeschlossen wurde. Eure Geschichten enthalten viele Körnchen einer Wahrheit, die im Lauf der Zeit entstellt wurde. Gewiß wurde eine bestimmte Energie jahrhundertelang in Stein gebannt, ist aber jetzt im Begriff ›freigelassen‹ zu werden. Doch das ist nur ein Aspekt des Erwachens von Merlin!«

›Du tust falsch daran, nur einen Aspekt Gottes sehen zu wollen, denn damit schränkst du deine Wahrnehmung des Universums beträchtlich ein. Gott ist nämlich multidimensional. Im physischen Zustand sind deine Sinnesorgane beschränkt, aber du mußt unbedingt erkennen, daß Gott unendlich ist ...‹

Die Wächter

Greifbare Quellen des Lichts, der Liebe und der Weisheit

Einige Zeit nach meinen ersten Treffen hatte Merlin mir vorgeschlagen, ein Codesystem zu entwickeln, das mir helfen sollte, ihn zu erkennen, damit ich die Richtigkeit von Informationen und Mitteilungen, die ich aus anderen Quellen erhielt, prüfen konnte.

Er unterbreitete mir eine Reihe von »Sternbild-Rufzeichen«, die entweder direkt oder mittels Symbolen identifiziert werden konnten. Insgesamt waren es vier. Wenn jemand beim Schreiben oder Reden eines davon erwähnte oder etwas, das leicht damit assoziiert werden konnte, wußte ich, daß dies ein Zeichen des Zauberers war und daß ich diese Zeichen absichtlich empfing. Benötigte ich hingegen eine Bestätigung für etwas, das jemand gesagt hatte, und ich das »Rufzeichen« nicht empfing, würde ich in bezug auf diese Information mißtrauisch sein, bis ich sie anderweitig prüfen konnte. Dies stellte sich als sehr nützlich heraus, als ich die Redlichkeit einiger Besucher prüfte, die sich als kompetent für bestimmte esoterische Themen bezeichneten; das Codesystem hat sich bei unzähligen Gelegenheiten als sehr wertvoll erwiesen.

Seit jener Anfangszeit zeigte sich, daß der Zauberer die Konstellationen höchst sorgfältig auswählte. Schließlich benutzte er nicht mehr ihre offiziellen Titel, sondern nannte drei von ihnen den »Magier«, den »König« und die »Heilige Frau«. Diese Betonung der Sterne lenkte meine Aufmerksamkeit noch intensiver auf das Himmelsgewölbe. 1976 erkannte ich im Lauf der Monate, daß die Merlin-Energie irgendwie mit der »Magier«-Konstellation selbst verbunden war. An jenem Abend, als mir dieser Zusammenhang klar wurde, befand ich mich im Garten. In diesem Augenblick lösten sich ein paar Sternschnuppen aus der Mitte der »Magier«-Konstellation, wie um meine Gedanken zu bestätigen. Schließlich erfaßte ich den Sinn dieser Botschaft, und ich erkannte, daß ich mit einer Energie kommunizierte, die ihren Ursprung nicht auf der Erde hatte, sondern irgendwo im Universum.

War das Gott? War ich aufgesucht worden, wie ein moderner Prophet des Alten Testaments? Namen konnten irreführend sein; das hatte die Energie angedeutet. War also »Merlin« einfach eine Facette von IHM? Doch im folgenden Gespräch wurde ich schnell von dem Gedanken abgebracht, das Allerhöchste müsse ausschließlich männlich sein.

Q: »›M‹, bist du Gott?«

M: »Wir alle sind ein Teil der Gottheit.«

Q: »Aber du scheinst alle biblischen Beschreibungen von IHM zu erfüllen.«

M: »Gott ist weder ein ›ER‹ noch eine ›SIE‹. Du mußt versuchen, dich von den Beschränkungen der stofflichen menschlichen Form zu lösen. Wenn du ein intelligenter Felsblock wärst, hättest du eine andere visuelle Gottesvorstellung, aber es ist der gleiche Gott, denn Gott ist überall und in allem. Gott ist eine kosmische Idee; Gott ist das Universum; Gott ist einfach ...«

Q: »Gibt es deshalb in der menschlichen Kultur so viele unterschiedliche Gottesvorstellungen?«

M: »Natürlich. Die Menschheit bemüht sich ständig, das Unerklärliche zu erklären, das Undefinierbare zu definieren. Der Monotheismus ist ja recht und gut, aber er berücksichtigt nicht die veränderlichen kosmischen Jahreszeiten. Die Griechen hatten einige höchst subtile Vorstellungen vom Himmelsgewölbe, verwendeten Allegorien, um bestimmte Energien und ihre Wirkungen zu erklären. Aber die menschlichen Bilder, die sie wählten, wurden schließlich dominierend für sie, und die ursprünglichen Energien, die sie darstellen sollten, wurden vergessen.«

Q: »Bist du also die einzige kosmische Energie?«

M: »Du lieber Himmel! Nein! In der altchinesischen Philosophie gibt es einen Hinweis auf die Energien, die im ständig sich verändernden Kosmos vorhanden sind. Es gibt eine

Menge von Energien, die insbesondere auf die Erde einwirken, und jede von ihnen beeinflußt die jeweilige Geschichtsperiode. Aber nichts bleibt, wie es ist, das ist das Kosmische Gesetz ...«

Q: »Werde ich je diese anderen Energien kennenlernen?«

M: »Natürlich!«

* * *

Merlin hielt Wort. Ende des Jahres 1976 machte er mich zuerst mit der kosmischen »König«-Energie und dann mit der universalen »Heiligen Frau« bekannt. Es waren unglaubliche Erlebnisse, die in klaren Nächten im Freien stattfanden, wenn kein Mond die Sterne verblassen ließ. Bald entdeckte ich, daß jede dieser Energien Verbindung zu einem bestimmten Teil des Himmels hatte. Merlin forderte mich auf, mich auf einen bestimmten Abschnitt des Himmels zu konzentrieren, und bald spürte ich, wie von dem speziellen Sternbild in diesem Abschnitt Energieströme ausgingen und sich auf mich übertrugen. In der Folge nannte ich die drei Energien »Die Wächter«. Sie scheinen auf eine geheimnisvolle Weise am Nordhimmel »hofzuhalten«, wo ihre feinen Schwingungen dauerhaft auf uns einwirken. Ihre Intensität scheint sich entsprechend den Jahreszeiten zu verändern. Eine Zeitlang kann eine Energie überwiegen, dann wird sie von einer anderen abgelöst, und der Einfluß verändert sich auf eine unmerkliche Weise.

Als ich zum ersten Mal der »König«-Energie begegnete, umstrahlte mich diese als helles blaues Licht, das den Garten meterweit in alle Richtungen erhellte. Und doch steckte dahinter eine Persönlichkeit, die mich in höchstem Maße erschreckte. Sie war streng, stark und ernst, mehr darauf bedacht zu handeln, als zu reden, wenn man sich an der

Lichtgestalt orientierte. Allmählich erkannte ich, daß es sich dabei um eine besonders starke Energie handelt, die in einer »physisch angemessenen« Form wirksam zu sein scheint – vermutlich in Anlehnung an das appollonische Ideal der Vollkommenheit. »Er« spricht meistens in abgehackten, knappen Worten, mit einer eher tiefen Stimme.

Diese Energie ist mir nicht so vertraut wie der Magier, da ich das Gefühl habe, sie betrachtet mich eher als ein physisches Chaos. Aber ich will fair sein: Der »König« sendet, wie alle Energien, eine ungeheuere Vibration der Liebe aus – die viel stärker ist als irgend etwas Physisches.

Sie scheint all die tapferen Helden zu verkörpern, von denen man gelesen hat. Ihre Tapferkeit und Stärke stehen außer Zweifel, und ich armer Tropf fühle mich aufgefordert, ihr bei ihrer endlosen Suche zu helfen.

Die »Heilige Frau« dagegen wirkt sanft, lieblich und ehrfurchtgebietend. Leider bleibt sie nie sehr lange. Ich habe sie als ein intensives, helles, goldrosafarbenes Licht empfunden. Ihre »Stimme« klingt wie eine helle Glocke, die ich noch lange nach ihrem Verklingen im Ohr habe. Wenn sie in Erscheinung tritt, erhebt sich Bodennebel wie ein weicher Mantel des Friedens. Sie macht ihren Einfluß auf eine behutsame Weise geltend; man sieht, wie sich ihre Hände an Pflanzen und an der Landschaft zu schaffen machen. Wird die Umwelt durch Gedankenlosigkeit verschmutzt oder geschädigt, spürt man ihren Herzschlag. Von den drei Energien scheint mich die »Heilige Frau« emotional am stärksten zu berühren, so daß ich diese Erfahrung nur schwer mit Worten beschreiben kann.

Erst vor kurzem hat mich der Magier mit einer vierten Energie bekannt gemacht, die dem ursprünglichen vierten Sternbild entspricht. Ihre Farbe ist leuchtend grün, und sie scheint Elemente der anderen Energien in sich zu bergen. In einem späteren Kapitel werde ich mich ausführlicher mit den Wirkungen der vierten Energie befassen, da ich ziemlich lange brauchte, um zunächst mit der Dreifaltigkeit der Wächter zurechtzukommen.

* * *

Angesichts solch umwerfender Erfahrungen brauchte ich unbedingt einen Beweis von anderer Seite, um sicher zu gehen, daß der Magier mich nicht an der Nase herumführte oder ich nicht übergeschnappt war. Ich benötigte eine eindeutige philosophische Bestätigung für die mögliche Existenz solcher Energien. Also bat ich Merlin, mir eine bestimmte zuverlässige Quelle zu nennen, die mir Beweise liefern könnte. Ich wollte überprüfen, ob die Energien, die ich erlebt hatte, tatsächlich kosmischen Ursprungs sein konnten. Er empfahl mir, ein Orakel zu befragen. Ich erinnerte mich an seine Bemerkung über China und wandte mich an das einzige Orakel, das ich damals besaß – das I-Ging[1]. Dort fand ich zu meinem Erstaunen eine Resonanz der drei Energien, mit denen ich kommuniziert hatte: Die alten Chinesen glaubten an kosmische Energien und vertraten die Meinung, daß sie in ihrem Alltag eine wichtige Rolle spielten.

Die Große Abhandlung des I-Ging behandelt ausführlich drei dominierende Energieeinflüsse, die die »Dreiheit der Weltprinzipien« genannt werden:

a) die Erde (empfänglich/weiblich);
b) der Mensch (körperlich);
c) der Himmel (kreativ).

[1] (Das Buch der Wandlungen) Chinesisches Weisheits- und Orakelbuch.

In der Folge kam ich zu dem Schluß, die Erde müsse unter der Ägide der Heiligen Frau stehen, die König-Energie direkt mit der Menschheit und die Weisheit des Magiers mit dem Himmel verbunden sein. Welch ein unglaublicher Beweis! Aber es sollte noch besser kommen.

Vor einigen Jahren entdeckte T. C. Lethbridge drei prähistorische Figuren, die in Kalkfelsen in der Nähe der Ruinen einer Festung in Wandlebury in Cambridgeshire eingemeißelt waren: einen König, eine Dame und eine verhüllte Gestalt. Die Dreifaltigkeit dieser Kalkgestalten spiegelt die im I-Ging beschriebenen schöpferischen Energien wider, bei denen sich zwei männliche Quellen mit einer weiblichen vereinen, um Harmonie und Gleichgewicht in der Welt zu erreichen.

In *Pattern of the Past* zitiert Guy Underwood drei tellurische Energieströme innerhalb der Erde, die häufig die Lage alter Stätten aufzeigen – zwei positive und eine negative. Kann es eine bessere Bestätigung geben?

Von Anfang an bediente sich Merlin anscheinend ganz bewußt der Fantasie, die sich bei mir mit zunehmendem Wissen und Erfahrung entwickeln konnte. Das Schwert zum Beispiel ist ein Symbol, das ich jetzt stark mit dem König assoziiere; der Kelch symbolisiert die Empfänglichkeit der Heiligen Frau; und der Zauberstab wird als das Emblem des Magiers betrachtet. Natürlich gehören diese drei Symbole zur Bilderwelt des Tarot; das vierte, das aus Münzen oder einem Pentagramm besteht, könnte die kosmische Energie darstellen, die alle drei vereint: eine weitere Verbindung zu den Wächtern.

* * *

Erst vor kurzem habe ich begriffen, wie stark diese drei Energien unseren Alltag durchdringen. Ein gutes Beispiel für den Einfluß des Königs ist die Auswirkung, die die Legenden um religiöse Helden wie Jesus, Buddha, Zarathustra, Mohammed, Krishna – und natürlich König Arthur – auf das menschliche Bewußtsein hatten.

Weitere grundlegende Elemente aller drei Wächter finden sich in den Romanen von J. R. R. Tolkien, Mary Stewart, C. S. Lewis und Marion Bradley.

Ein dritter bemerkenswerter Punkt ist der Erfolg von Filmen wie *Krieg der Sterne* und *Superman,* deren archetypische Helden zwar in unterschiedlicher Kleidung auftreten, aber fast identische Themen verkörpern. Sogar die Struktur bestimmter Sprachen scheint die drei Energien widerzuspiegeln, dazu gehören zum Beispiel die Worte »er«, »sie« und »es«.

Ich kann mir vorstellen, daß es dem Leser schon schwer genug fällt, sich auch nur eine kosmische Energie vorzustellen, und doch mache ich ihn hier mit zwei weiteren Quellen der Inspiration und Erleuchtung bekannt. *Und genauso geschah es auch.*

Nach ein paar Jahren der Unterweisung fegte der Zauberer alle Be- oder Einschränkungen beiseite, mit denen ich mental unsere Beziehung hätte belegen können. Indem er mich mit der König-Energie bekannt machte, half er mir, zu verstehen, was die »Helden«-Gestalten in unseren Legenden antreibt und bewegt, und warum wir sie brauchen. Auch begann ich, den Einfluß der Heiligen Frau durch den Mond, die Jahreszeiten, die Mutter Erde, ihre Anbeter und auch ihre Stammütter in der Vergangenheit zu begreifen. Wie es schon die alten Griechen erkannt hatten, gab es auch für mich nur die einzige Möglichkeit, die Energien zu begreifen und zu definieren, indem ich sie mit Persönlichkeiten füllte. Ich war also gezwungen, ihnen eine menschliche Gestalt zuzuschreiben, denn meine beschränkten Sinne bestanden darauf! Doch bald erkannte ich, wie sie im Laufe der Monate und mit dem Fortschreiten der Jahreszeiten fast unmerklich ihre Stimmungen änderten, da jede Energie mindestens drei verschiedene Phasen oder Gesichter hatte. Dies machte es mir leichter, zu begreifen, weshalb einige Religionen polytheistische Gottesvorstellungen haben, wie die dreifaltige Göttin im alten Griechenland oder der zweigesichtige römische Gott Janus. Hier öffneten sich mir einige Tore zu den Urgeheimnissen unseres Lebens, auf die in der esoterischen Literatur immer nur angespielt wird.

Ob wir nun Studenten oder Erforscher derartiger Geheimnisse sind, wir alle stehen an der Pforte des Wassermann-Zeitalters, das angeblich eine Zeit großer Veränderungen sein soll. Symbol für den Wassermann ist eine Gestalt, die Wasser aus einem Gefäß gießt, oder auch ein Phönix, der sich aus der Asche erhebt. Aber was bedeuten diese Symbole?

Das Fische-Zeitalter liegt hinter uns und das Wassermann-Zeitalter (Wiedergeburt) vor uns. Natürlich beherrscht das Vorrücken der Tagundnachtgleichen, das insgesamt 26 000 Jahre dauert, die Himmelszone, durch die die Sonne wandert, im Verhältnis zur Erde über 12 oder 13 Perioden von ungefähr 2000 bis 2160 Jahren. Dabei erhält jedes Zeitalter das Sternbild oder Tierkreiszeichen, das dieser speziellen Himmelszone entspricht. Die Sonne nähert sich nun mit großer Geschwindigkeit dem Wassermann. Aber wie ich inzwischen herausgefunden habe, durchdringen die Wächterenergien unser ganzes Leben; beeinflussen sie vielleicht auch jedes Zeitalter und lassen matriarchalische oder patriarchalische Ideologien entstehen?

Ist es möglich, daß das Pendel der kosmischen Uhr von einem Wächtereinfluß zum anderen schwingt und somit den

Wendepunkten eines jeden Zeitalters ein besonderes Gewicht verleiht? Gewiß, das heutige patriarchalische Heldensystem hat sich überholt und wirkt jetzt etwas glanzlos. Haben wir nun ein Zeitalter vor uns, das ein Gleichgewicht zwischen Matriarchat und Patriarchat schaffen könnte? Ein Zeitalter der Geduld und der Weisheit? Wird der Phönix ein weiteres Goldenes Zeitalter einleiten – vielleicht das Zeitalter des Magiers?

Ich zumindest hoffe das inbrünstig, doch das kann man nicht einfach dadurch erreichen, indem man alles den Wächtern überläßt. Wir müssen selbst dazu beitragen, daß sich solche Ideale materialisieren. Der Magier hat uns in dieser Hinsicht mit einer Fülle von Ratschlägen versehen, auch wenn er betont, es seien keine dogmatischen Anweisungen, sondern lediglich Vorschläge.

›Die Zeiten ändern sich; ein neues Zeitalter bricht an. Das globale Dorf ist Wirklichkeit geworden …‹

Die Rhapsodie der Hoffnung

Wie bereitet man sich auf ein neues Zeitalter vor? Wird es schnell kommen? Setzt es allmählich ein? Der Magier hat oft auf eine kommende Zeit der Umwälzung angespielt und Ratschläge erteilt, wie man am besten damit fertig wird. Deshalb habe ich eine Auswahl seiner Empfehlungen hinsichtlich der eigenen Weiterentwicklung und der Förderung des sozialen

Bewußtseins zusammengestellt. Ich hoffe, sie helfen Ihnen in den unruhigen Zeiten, die auf uns zukommen.

* * *

»Während ihr euch alle auf das neue Zeitalter vorbereitet, treten neue Energieschwingungen an Stelle der alten. Auch einige der seit einer Ewigkeit ruhenden Energien erwachen zu neuem Leben. Eine davon ist ein positives weibliches Element, das sich bei den Frauen zeigt. Allzu lange hat der Mann die Frauen beherrscht, sie erniedrigt und zu seinen Sklavinnen gemacht. Die Herrschaft des Patriarchen geht zu Ende – sein Verschwinden wird für ihn nicht sehr angenehm sein. Aber die Frauen täten gut daran, sich klarzumachen, daß sich dieses Mal keine Verschiebung vom Patriarchat zum Matriarchat vollziehen muß. Keine Frau soll in der um sie herum neu erwachten Begeisterung, da sie einen Schimmer der Freiheit erblickt, vergessen, daß sie die Weisheit und das Mitgefühl aufbringen muß, zu akzeptieren, daß wir auf der Suche sind nach einem Gleichgewicht, nach gegenseitigem Respekt und wechselseitiger Abhängigkeit der Geschlechter. Hier kommt die besondere Art der Selbstlosigkeit der Frau zur Geltung. Sie wird ihrem Partner wieder Sensibilität beibringen müssen. Weisheit, Wahrhaftigkeit, Vertrauen, Aufrichtigkeit, Verzeihung und Liebe müssen vorherrschen – nicht Rache!

Den Männern wird es nicht erlaubt sein, rücksichtslos ins Universum einzutreten. Der Mann wird nur anerkannt, wenn er sich selbst findet – sein wahres Selbst, das in Einklang mit uns allen steht!

Sensibilität ist ein zweischneidiges Schwert, denn sie eröffnet Kanäle jeder Art. Sorgt dafür, daß sich in dem Maße, in dem sich eure Sensibilität vertieft, sich auch euer Unterscheidungsvermögen verbessert.

Jeder Mensch besitzt das Potential, genügend Kraft aufzubringen, um eine Veränderung herbeizuführen, obwohl es nicht jedem gelingt. Wenn ihr glaubt, daß ihr eine grundlegende Wahrheit entdeckt habt, die der Entwicklung der Menschheit hilfreich sein könnte – und wenn ihr reinen Herzens und Geistes seid und selbstlose Motive euch bewegen – dann ist es eure Pflicht, die Welt zu unterrichten. Ob die Welt auf euch hören wird, steht allerdings auf einem anderen Blatt.

Es ist lebenswichtig, daß ihr lernt, wie man einen ›Frühlingsputz‹ des Geistes anpackt. Davon hängt euer ganzes zukünftiges körperliches Wohlbefinden ab. Man erreicht dies durch die entsprechende Ernährung und durch Meditation. Vermeidet, wenn möglich, Konservennahrung, die mit Chemikalien verseucht ist, denn derartige Zusätze 'bekämpfen' sich in eurem Körper. Natürliche Nahrungsmittel sind am gesündesten. Versucht, euer Gemüse und Obst selbst anzupflanzen, und wenn euch das zu schwierig ist, verlangt von eurem Lebensmittelhändler gesunde Lebensmittel, die frei von giftigen Chemikalien sind. Ihr solltet versuchen, Druck auf den Händler auszuüben, indem ihr keine ungesunden Nahrungsmittel kauft. Achtet mehr auf eure Nahrung. Immer mehr Chemikalien sind in Nahrungsmitteln zu finden, einige davon verursachen Magenbeschwerden und andere allergische Reaktionen, manche Schadstoffe können nicht ausgeschieden werden und lagern sich im Körper ab.

Achtet auch auf euer Trinkwasser, denn durch zu starkes Düngen wird das Wasser in alarmierender Weise durch Chemikalien verschmutzt. Laßt große Sorgfalt walten beim Einkauf eurer Lebensmittel, denn die Aufrechterhaltung eurer Gesundheit hängt davon ab. Versucht, eure Eßgewohnheiten abzuwägen, und vergeßt nicht, daß bestimmte Hersteller auf ihren Profit aus sind und nicht darauf, eure Gesundheit zu erhalten.

Zu viele von euch, die ihr in den Industriestaaten lebt, verlassen sich auf den jeweiligen Supermarkt, um dort alle Einkäufe zu tätigen, ohne an die Herstellungsmethoden zu denken. Ihr habt die Verantwortung für die Herstellung eurer Nahrungsmittel auf jemand anderen übertragen und dabei den Kontakt zu der Quelle, die alle eure Bedürfnisse erfüllt, verloren. Dadurch kann eine Gesellschaft egoistischer Menschen entstehen, die beim ersten Anzeichen von Verknappung entrüstet aufschreien, ohne sich über die Ursachen Gedanken zu machen. Gehört Ihr auch dazu?

Erweist dem Planeten, der euch ernährt, Achtung. Bedankt euch persönlich, indem ihr einen eigenen Baum oder Strauch pflanzt oder irgend etwas Positives für die Erde tut.

Würdet ihr euch alle etwas beschränken und jeden Tag etwas Selbstverleugnung betreiben, könnten weite Flächen Wald und Land erhalten werden; Meere und Flüsse würden weniger geschädigt werden. Folglich könnten viele Lebewesen weiterleben, da ihr Lebensraum erhalten bliebe. Denkt darüber nach. Solange ihr alle ohne jegliches Verantwortungsgefühl die Ressourcen unseres Planeten aufbraucht, schadet ihr dem lebenserhaltenden System, das euch unterhält.

Wendet alle möglichen Methoden an, um Abfallprodukte wiederzuverwerten. Betrachtet die Berge von Müll und Lebensmittelabfällen, die sich täglich in den Städten auftürmen; oft wird der Müll irgendwo in der Umgebung abgeladen. Es werden tapfere Versuche unternommen, ihn zu verwerten, und doch kehrt er in neuer Anhäufung zurück. Vergeßt nicht, die Ressourcen der Erde sind nicht unbegrenzt.

Laßt eure Kinder erblühen wie Blumen. Gebt ihnen Stärke und Verständnis. Fördert ihr Heranwachsen auf sinnvolle Weise. Vergeßt nicht, wenn man gesunde Pflanzen hervorbringen will, ist es manchmal erforderlich, Unkraut einzudämmen. Ähnlich verhält es sich mit euren Kindern, aber geht behutsam um mit der Forderung nach Disziplin.

Eure Welt ist ein riesiges Klassenzimmer, in das ihr immer wieder zurückkehrt, bis ihr alle Lektionen gelernt habt, die das Leben zu bieten hat. Wägt sorgfältig ab, ob ihr euch irgendeiner Religionsgemeinschaft anschließen wollt.

Ihr könnt euch und dem neuen Zeitalter am besten nützen, wenn ihr selbständig denkt und die anderen ermutigt, es genauso zu halten. Bestimmte Religionsgemeinschaften, ja, auch fanatische Regierungen vernichten die Individualität, hindern euch entschieden daran, persönliche Verantwortung zu übernehmen und führen zwangsläufig zum Elitedenken.

Das Böse ist das Ergebnis selbstsüchtiger menschlicher Handlungen und entspringt nicht dem Wirken ›gefallener Engel‹. Es gibt keine ›Kräfte des Bösen‹ in den inneren Sphären, die mit den ›Kräften des Lichts‹ in ständigem Kampf stehen. Euer eigenes höheres Selbst legt euch gelegentlich Hindernisse und Unannehmlichkeiten in den Weg – aus sehr wichtigen Gründen. Die ›sieben Ebenen‹ sind lediglich verschiedene Ebenen der Verwirrung und der Wunscherfüllung – die Astralebenen. Dahinter erstrecken sich unendliche Bereiche des Geistes. Vergeßt nie, wie beschränkt die ›sieben Ebenen‹ sind und wie sie die Menschheit in dem Hier-Unten eingesperrt hielten. Erkennt hinter diesen erdachten Ebenen eure wahre Quelle. Wir alle stammen aus ihr.

Ich weiß, daß viele von euch das Gefühl haben, in einer beruflichen Tretmühle zu stecken, die einem die Freiheit nimmt, so zu leben, wie man es gern möchte, ohne all die

Anspannung und den Streß. Aber ihr werdet solange darin stecken, bis ihr beschließt, euch daraus zu befreien. Der einzige, der den Entschluß fassen kann, etwas dagegen zu tun, seid ihr selbst.

Euer physisches Leben will gelebt werden, erforscht es in seiner ganzen Fülle. Das Leben ist gleichermaßen ein Geschenk von hoch und niedrig. Zwingt nie andere zu handeln, vor allem nicht, wenn ihr das Glück habt, über ihnen zu stehen.

Allzulange sind die Schwachen von den Mächtigen unterdrückt und geknechtet worden; eine große Verpflichtung ist mißbraucht worden. Statt die Gelegenheit zu nutzen, Mitgefühl zu zeigen, haben die Inhaber von Macht jene, die in einer weniger glücklichen Lage waren, hämisch belächelt. Diejenigen, die das System korrumpiert haben, werden den Preis für das bezahlen, was sie geschaffen haben. Vergewissert euch immer, daß eure Absichten ehrenhaft, liebevoll und aufrichtig sind, wenn es um andere geht.

In jedem von euch ruht ein göttlicher Funke, ein göttliches Licht. Viele von euch verdunkeln dieses Licht, indem sie sich davon entfernen oder es aus den Augen verlieren. Nur durch richtiges Handeln und die richtige Absicht könnt ihr eure persönliche Lichtintensität erhöhen.

Jene, die in der Dunkelheit verloren sind, haben in sich und um sich eine Leere geschaffen; ihr Licht brennt immer noch, aber es ist tief innen verborgen und durch ihre selbstgeschaffene Finsternis verdunkelt. Es bedarf einer ganz besonderen Energie, bis zu dieser Dunkelheit vorzustoßen und sie von außen zu erhellen.

In der Vergangenheit mußten diejenigen, die die Macht hatten, oft Folter, Inquisition und sogar den Tod benutzen, um ihre Autorität geltend zu machen; denn sie erkannten, daß die eigentliche Burg ihrer Macht auf dem Sand des Verrats, der Falschheit und der Unterdrückung der Wahrheit gebaut war, andernfalls hätten sie nicht Gewalt anwenden müssen. Die Wahrheit besitzt ihr eigenes Licht. Ihr solltet dafür sorgen, daß in Zukunft solch schreckliche Fehler vermieden werden, indem die Wahrheit beachtet wird und nie ein einzelner oder eine soziale Gruppe zuviel Macht besitzt. Ihr müßt eine kollektive Verantwortung für euch selbst, eure Mitmenschen und die Erde übernehmen.

Gerne würde ich euch Einblick in die subtile Schönheit der inneren Welten gewähren, damit ihr die damit verbundenen transzendenten Erfahrungen genießen könntet. Aber das ist erst möglich, wenn eure Wahrnehmungsfähigkeit gestärkt ist. Ich kann euch nur ein flüchtiges Bild der natürlichen Welt um euch herum bieten, das euch ahnen läßt, was dahinter liegt.

Ihr alle müßt euch als würdig erweisen, damit die ›Schleier‹, die euch einhüllen, weggezogen werden können. Bevor es euch nicht gelingt, die Arroganz und das Bedürfnis, über andere zu herrschen, abzulegen, werdet ihr nie fähig sein, ›richtig zu sehen‹. Es gibt keinen anderen Feind als den in euch. Lernt Selbstkontrolle, und ihr werdet Frieden finden und das richtige Sehen lernen.

Von Tag zu Tag werdet ihr dem großen Licht näherkommen, aber es liegt an euch, einen höheren Grad der inneren Erleuchtung zu erreichen, so daß eure Vereinigung mit dem Göttlichen wirklich gesegnet sein wird.

Öffnet euer Herz und euren Geist für den Puls des neuen Zeitalters, und ihr werdet reichlich belohnt werden.«

›Schau zum Himmel hoch, die Sterne geben viele Anhaltspunkte. Sind nicht auch Sterne bei Tag verborgen am Firmament, wenn die lebensspendenden Strahlen der Sonne uns umhüllen? Doch die Energien der Sternbilder sind weitaus subtiler. Die Nacht ist die Zeit intensiver nachdenklicher Betrachtung, die Zeit der Suche nach spiritueller Erleuchtung. Die Sterne stehen an einem bestimmten Punkt und geben dir Lösungshilfen für dein Problem. Und wenn du auf ein Zeichen wartest, warte geduldig darauf …‹

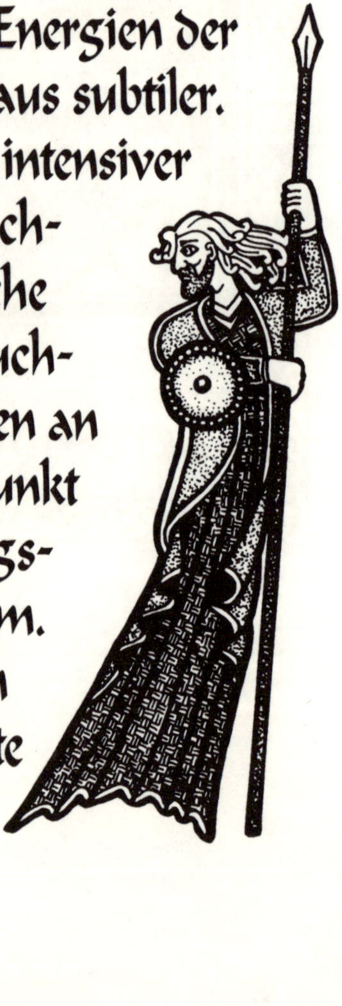

1981 trat die vierte Energie in Erscheinung – die Energie, die von allen am schwersten zu begreifen und zu erfassen ist. Zuerst betrachtete ich sie als eine Synthese der drei ersten Energien, aber durch gewisse Ereignisse wurde ich bald eines Besseren belehrt. Die vierte Gestalt, die diese Energie personifiziert, nenne ich den Priester/Mystiker. Auf dem College schrieb ich einmal eine Abhandlung über diesen dionysischen Typ ungestümer Energie, der die Ergänzung des königlichen Elements zu sein scheint. Die vierte Energie ist genauso wichtig wie die anderen drei, obwohl ihr Haupteinfluß nur über den Zeitraum eines Vierteljahres voll wirksam ist. Man könnte sagen, sie verkörpert eine gedrängte Darstellung der echten »Priester«-Gestalt, des Herrn der Mysterien, des Anführers des Tanzes, des Leiters des großartigen Schauspiels, des Rituals und der Zeremonie.

* * *

Die griechische Gestalt, die von jeher dieser Art von Energie zugeordnet wird, ist Dionysos, der sogenannte Gott der Unordnung. Diese Bezeichnung ist irreführend. Die dionysische Energie ist nämlich ein lebenswichtiger Teil des menschlichen Wesens, genauso wie die anderen drei. Wenn wir eine dieser Energien ignorieren, verleugnen wir einen Teil von uns selbst. Aber wenn wir die vierte Energie außer acht lassen, führt dies zu ernsthaften Problemen.

Der menschliche Geist muß sich von den Beschränkungen des Lebensstils des 20. Jahrhunderts frei machen. Wer hat noch nicht den Drang verspürt, barfuß übers Gras zu gehen, nackt zu baden oder den harten Konkurrenzkampf hinter sich zu lassen und, sei es nur für Stunden, sich frei zu fühlen? Diese vierte Energie wendet sich uns zu und ermöglicht es uns, weiterhin Glück und Unbekümmertheit zu genießen. Ignoriert man solche Appelle, bildet sich Frust, und es entstehen Probleme, die sich vielleicht nur noch mit Hilfe von Therapien lösen lassen. Andererseits ist es genauso gefährlich, allein auf diese Energie zu bauen und die ausgleichenden Wirkungen der anderen drei Energien nicht zu berücksichtigen. Der Untergang des großen Magiers Aleister

Crowley ist ein hervorragendes Beispiel dafür, daß das Prinzip »Tu, was dir gefällt« wohl nicht »das ganze Gesetz« ausmachen kann.

Die Griechen glaubten, daß ihre Götter keine Verehrung erwarteten, so wie wir das heute verstehen, sondern lediglich die Kenntnisnahme ihrer Existenz und ihrer Allgegenwart. Vielleicht sollten wir angesichts der zunehmenden psychologischen und psychiatrischen Probleme unserer Gesellschaft ihrem Beispiel folgen?

Die mystische Energie, die ich spüre, ist die Quelle des Schöpfers, Künstlers, Erfinders, Tänzers, Schauspielers, ja sogar des Schmieds. Alles, was mit den physischen Künsten zusammenhängt, entsteht unter dem Einfluß dieser Energie. Dies fördert Erneuerung und Veränderung; verhindert, daß etwas schal wird. Wie trist ist doch die Welt für jene, die den Appell dieser kreativen Kraft ignorieren.

Im Quartett der Wächter widmen wir uns jetzt zwei Arten von Führerfiguren – dem König und seinem Gegenpart, dem Priester/Mystiker (vielleicht Arthur und Lancelot?).

Im hellenistischen Pantheon war Apoll das königliche Symbol für Ordnung, Schönheit, Stärke, Heilen, Musik, Dichtkunst, Bogenschießen und Prophezeiung – für das Bewußtsein. Dionysos war das Symbol für unsere Instinkte –

für das Unterbewußtsein. Seit jeher betrachteten die Autoritäten diese ungezügelte Energie mit großem Mißtrauen, obwohl sie nicht von vornherein zerstörerisch wirkt. Der König und der Priester/Mystiker sind deshalb wie Zwillinge oder wie zwei Seiten einer Münze, denn der eine Pol kann nicht ohne den anderen bestehen. Hier könnten wir es mit Archetypen unseres physischen und spirituellen Wesens zu tun haben. Seltsamerweise ergab sich bei meinen Nachforschungen, daß die Königsgestalt mit der physischen Welt verknüpft und mit der Aufrechterhaltung von Ordnung beschäftigt ist, während der Priester/Mystiker zuständig ist für die spirituelle Welt und die Veränderung. Dies könnte erklären, weshalb die strikte Einhaltung von Ordnung in spirituellen Angelegenheiten solch negative Ergebnisse und Reaktionen zur Folge hat.

Hier habe ich noch eine recht seltsame Geschichte für Sie: Nach der griechischen Mythologie soll Apoll drei oder vier Monate des Jahres im Norden verbracht haben, um während des Winters mit den Hyperboreern[2] zu feiern und zu zechen. Es war, als ob er die andere Rolle seines Zwillingsbruders gespielt hätte. Deshalb ist es irgendwie verblüffend zu entdecken, daß die Konstellation, die der vierten Energie zugeordnet ist und auf die Merlin mich hingewiesen hatte, nur während des Herbstes oder Winters am Nordhimmel erscheint.

Es ist unglaublich, aber die Große Abhandlung des I-Ging berichtet auch von einem System der Ordnung und Unordnung als »Dritter Nexus[3] von Ereignissen in der Welt«. Da der Himmel (Magier) und die Erde (Heilige Frau) die beiden anderen Energien darstellen, scheint sich die dritte in einen dualen Gegensatz aufzuteilen – vermutlich in den König und

[2] Die Hyperboreer waren nach der griechischen Sage ein Volk in Thrazien.

den Priester/Mystiker? Die Chinesen glaubten, daß die drei Grundenergien ihren Einfluß in der Welt in erster Linie durch die Menschen (König), Tiere (Magier) und Pflanzen (Heilige Frau) ausübten. Das vierte Element wirkte durch »Schicksal« und war somit eng verknüpft mit dem Menschen, worauf der wesentliche Einfluß des Königs beruht.

Ich glaube, die vier Wächter-Energien haben in allen Kulturen mythologische Archetypen inspiriert, wie zum Beispiel Adam und Eva mit ihren beiden Söhnen Kain und Abel. Die Konstellationen, die ich ursprünglich erhielt und die in der Folge für mich zu Brennpunkten wurden, wenn ich diese Energien betrachte, sind folgende:

DER KÖNIG. Die erste Konstellation stellte Draco dar (der Drache); später kam Herkules dazu – der archetypische Held, der die zwölf »Aufgaben« in Angriff nahm. Zufällig befindet sich die Konstellation von Herkules auf meiner astronomischen Planisphäre (ein Gerät, das käuflich erworben werden kann) am Ende des Sonnen- oder Tierkreisjahres, so als wolle er alle übrigen Zeichen ausführlich studieren. Diese Gestalt am Nachthimmel hat alle königlichen Insignien um sich. Da ist die Nordkrone, die Leier, der Adler, die Macht, mit Schlangen umzugehen – Ophiuchus (Heilen) und der Drache – ein Symbol der Erdenergie. Die Sternbilder von Skorpion und Schütze liegen eng beieinander und könnten mit diesem königlichen Archetypen assoziiert werden.

DIE HEILIGE FRAU. Diese schöne Energie wurde durch das Sternbild Kassiopeia identifiziert. Das Sternbild stellt eine Königin dar, die segnend die Hände erhoben hat. Sie ist umgeben von dem geflügelten Pferd Pegasus, von Cygnus,

[3] »Nexus« steht für den Zusammenhang, die Verbindung.

dem Schwan, von Perseus, dem legendären Mörder der Medusa und von Andromeda, der Tochter der Kassiopeia. Die Sternbilder der Fische und des Wassermanns scheinen mit ihr verbunden zu sein.

DER MAGIER. Die erste Energie, die sich mir offenbarte, benutzte als erstes »Rufzeichen« das Sternbild Ursa Major, den Großen Bären. Das ist Merlins Bereich am Nachthimmel. Hinter ihm liegen zwei Löwen – ein großer und ein kleiner. Auf der einen Seite der Pflüger oder Bärenführer. Um ihn herum die Jagdhunde; der Sextant und die Sichel; die Zöpfe der Prinzessin Berenice; die Krähe und der Becher. In nächster Nähe von Merlin befinden sich die Sternbilder Löwe und Jungfrau.

DER MYSTIKER. Diese Energie, die mit dem Sternbild des Orion verbunden ist, ist am Himmel umgeben vom Hasen, den beiden Hunden Canis Major und Minor (einschließlich des »Hundssterns« Sirius), dem Stier, den Plejaden und dem Fluß Eridanus. Davor befinden sich der Wagenlenker Auriga und die Zwillinge Castor und Pollux. Auf der einen Seite ist das Einhorn plaziert. Die damit verbundenen Sternbilder sind Zwillinge und Stier. Im Herbst und Winter erscheint der Orion im südlichen Teil des Nordhimmels, fällt im Frühling und Sommer aber unter den Horizont.

Ursprünglich hatte man sich wohl vorgestellt, daß die Gestalt des Mystikers (Orion) jedes Jahr wieder vom Nordhimmel verschwindet, in die Erde, das Meer oder den Fluß eintaucht, um nach der Herbst-Tagundnachtgleiche neugeboren zu werden. In seinem Buch *The Sirius Mystery* erklärt Robert Temple, wie die althergebrachte intensive Beschäftigung mit dem heliakischen Aufgang[4] bestimmter Sterne und Sternbilder mit bestimmten Energien zusammenhängt, die ein Auf und Ab aufwiesen. Ich persönlich habe festgestellt, daß der Herbst eine Jahreszeit ist, in der die psychische und spirituelle Energie einen Höhepunkt erreicht, der dann nach Weihnachten beständig abnimmt. Die Herbst-Tagundnachtgleiche scheint diese allmähliche Zunahme übernatürlicher Energie einzuleiten.

Sicherlich wurden in langen Winternächten und zu einer Zeit, da das Klima sich dafür hervorragend eignete, in der nördlichen Hemisphäre viele der Sternbilder, die den Steinkreisen beigeordnet sind, beobachtet und konstruiert. Erwähnenswert ist auch, daß im Mittelalter die »närrische Zeit« von Anfang November bis Anfang Februar dauerte. In dieser Zeit gehorchten die Herren ihren Dienern, alles wurde auf den Kopf gestellt, und jeder konnte einen Tag lang König sein. Dieser Ersatzkönig wurde oft feierlich »gesalbt« oder auch wieder entthront, um ständiges Wohlergehen und Fruchtbarkeit zu garantieren. Somit sorgte man dafür, daß der echte König nach dieser Zeit gesund »wiedergeboren« wurde. In den kanonischen (als Vorbild dienenden) Büchern der Akkader und der Sumerer waren viele solcher Tod- und Wiedergeburt-Szenarien aufgezeichnet. Dabei ging es um Helden (oder Götter), die ins Meer hinabstiegen oder ins Innere der Erde. Es ist kaum verwunderlich, daß ihre Nachkommen, die Hebräer, ihre Kosmologien (Lehren von der Entstehung und Entwicklung des Weltalls) diesen Glaubenssätzen »entlehnten«. Sogar noch heute wird diese Zeit des Jahres mit der Geburt des christlichen Erlösers/Überhelden in Verbindung gebracht, der starb und wiedergeboren wurde. Die Geschichte von Tod und Auferstehung ist alt und schon häufig erzählt worden.

[4] Der »heliakische Aufgang« bezeichnet den Aufgang eines Sternes in der Morgendämmerung.

Im Lauf der Jahrhunderte begann man, den Herbst und den Winter mit Feiern und Trinken zu assoziieren. In dieser Jahreszeit fanden das Bacchusfest[4] und die Saturnalien[5] statt, die im Augenblick der Wintersonnenwende, wenn das Licht »neu geboren wird«, ihren Höhepunkt erreichten. Am Tag der Wintersonnenwende befinden sich die vier Wächterkonstellationen um Mitternacht in den vier Himmelsrichtungen des Kompasses.

Könnte sich irgendeine alte Mythologie dafür eignen, die Bewegung wichtiger Sternbilder am Nachthimmel zu beschreiben? Nach meiner festen Überzeugung haben die vier Hauptsternbilder einen starken Einfluß auf uns, da ich selbst Bekanntschaft mit ihren verschiedenen Ausdrucksformen gemacht habe. Tausende von Jahren beschäftigten sich die Chinesen mit der kosmischen Energie und den Sternen, und aus ihren verschiedenen philosophischen Richtungen, wie zum Beispiel dem Taoismus, scheint hervorzugehen, daß sie die vier grundlegenden Energie-Archetypen bereits kannten. Das I-Ging beschreibt tatsächlich eine »kosmische Familie« von acht Trigrammen (oder Energien), die vermutlich die Dualitäten der vier grundlegenden Wächter-Gestalten, die kreisförmig angeordnet sind, darstellen. Die ganze Konfiguration ist wie ein Rad. Auch die Sternbilder sind kreisförmig am Himmel angeordnet. Vielleicht ist das symbolisch für die Seelenwanderung? Das Rad der Wiedergeburt? Karma.

[4] Bacchus: gr.-röm. Gott des Weins

[5] Saturnalien: zur Zeit des Roms der Antike zu Ehren des Gottes Saturn im Dezember gefeiertes Fest

›Im Westen ist der Glaube an die
Gesetze des Karmas und an
das Rad der Wiedergeburt wieder
aufgelebt – dieses Wissen hätte nie
in Vergessenheit geraten dürfen.‹

Karma

In dieser Sammlung seiner Äußerungen umreißt der Magier das Funktionieren des Gesetzes von Ursache und Wirkung und zeigt auf, wie unser derzeitiges Leben durch Handlungen der Vergangenheit und durch vorherige Leben gelenkt wird. Er erklärt, wie unsere Haltung gegenüber den Dingen, die uns umgeben, die Welt hervorbringt, die wir bewohnen, und er demonstriert, wie wir entweder unser schlimmster Feind oder unser bester Freund sein können. Aus seinen Erläuterungen geht hervor, daß es einmal eine Zeit gegeben haben muß, in der wir uns dieser Gesetze voll bewußt waren. Irgendwie aber scheinen wir sie vergessen zu haben.

»Überleg dir folgendes: Was bedeutet das Sprichwort ›Was du säst, das wirst du ernten‹? Alle deine Gedanken, Worte und Handlungen hallen nicht nur in der ganzen Welt wider, sondern reichen sogar bis in überirdische Sphären. Ihr macht euch kaum eine Vorstellung, wie zerstörerisch eure Selbstsucht auf die Ordnung der Dinge wirkt. Erweitert euren Horizont, lernt, für alle eure Handlungen Verantwortung zu entwickeln.

Ihr müßt euch alle bemühen, eure Entscheidungen mit mehr Sorgfalt zu treffen. Gedankenloses Handeln kann Leben kosten.

Da sich die Menschheit der Jahrtausendwende nähert, wird das augenblickliche Karma zu einem Mittel, viele Ungerechtigkeiten zu beseitigen – vor allem jene, die von Menschen begangen werden, die das universale Gesetz nicht kennen und sich weigern, das zunehmende spirituelle Bewußtsein um sie herum anzuerkennen.

Macht keinen Fehler, denn allzu viele sind bereits begangen worden, und ihr müßt den Preis dafür bezahlen. Aber niemand kann die Menschheit von der Verantwortung des einzelnen freisprechen.

Denkt daran, niemand außer euch selbst wird euer Leben beurteilen. Wenn eure derzeitige Inkarnation endet, werdet ihr es im ›Licht des Allwissens‹ tun. Erwartet keine Vollkommenheit auf der materiellen Welt, denn die werdet ihr nie erreichen.

Ihr befindet euch alle in verschiedenen Entwicklungsphasen, also ist Gleichheit einfach nicht möglich. Und so sage ich zu denen unter euch, die sich in Machtpositionen befinden: Sorgt besonders dafür, daß ihr dieses Privileg nicht mißbraucht, sonst hat eure Kurzsichtigkeit Auswirkungen, die euch euer Leben lang verfolgen werden.

Seid nicht übertrieben deprimiert, wenn in eurem Leben negative Vorkommnisse zu dominieren scheinen – das wird nicht für immer so sein! Das Schicksals- und Lebensrad dreht sich immer weiter; alles unterliegt der Veränderung. Wie das Tao der alten Philosophen, so fließt der große Fluß der Zeit dahin und spült alle vergeblichen Bemühungen, seinen Lauf zu bremsen oder umzuleiten, hinweg. Die Zeit ist der größte Heiler.

Quält euch nicht selbst, wenn ihr Fehler macht. Niemand ist vollkommen. Was ihr wirklich sucht, ist das Gleichgewicht. Sucht hinter eurem Äußeren euer wahres Ich. Wenn ihr es gefunden habt, dann paßt eure äußere Erscheinungsform diesem inneren Ich an.

Vergeßt nie: Die Wissenschaft beantwortet nicht alle Fragen; es ist immer Platz für gesunden Menschenverstand und Intuition. Deshalb ist euer Gehirn in eine linke und eine rechte Hälfte unterteilt. Vermeidet mechanisches Denken, denn es gibt oft bessere und natürlichere Möglichkeiten, euer Ziel zu erreichen. Die Alten haben diesen Harmonisierungsprozeß begriffen und versucht, ihn in ihren Alltag zu integrieren, genauso solltet ihr es tun.

Eure inneren Emotionen und Gefühle werden euch sagen, was ›richtig‹ ist. Beseitigt alles, was nicht harmoniert, bis ihr auf den Grund der Dinge gelangt. Die Lösungen liegen fast immer in euch selbst.

In eurer Welt werden häufig vorschnelle Urteile gefällt, die oft weitreichende Folgen für kommende Generationen haben. Denkt daran, das kann nie der Weg des Geistes sein, denn gründliches Nachdenken und Überlegen sollten all diese Unterfangen bestimmen.

Ignoriert nie euer physisches ›Vehikel‹ und dessen Bedürfnisse, denn sie stellen in eurem Alltag einen bestimmenden Faktor dar. Eine der Hauptfunktionen eures Lebens auf der Erde besteht darin, eurem geistigen Wesen die Möglichkeit zu geben, sich zu entfalten. Wir können es nicht für euch tun. Wir können euch beraten, aber uns nicht einmischen. Wir können auch einen Teil der geistigen Trümmer, die euch umgeben und die ihr euch meist selbst geschaffen habt, beiseiteschieben, können euch den Weg zu höheren Sphären zeigen, aber wir können ihn nicht für euch gehen. Bis zu einem gewissen Grad können wir euch die Augen öffnen, aber nicht weiter – alles übrige liegt an euch. Was ihr aus eurem Leben und eurer Welt macht, unterliegt eurer Verantwortung.

Einige eurer Gefährten in der physischen Welt glauben, sie kennen alle Antworten; die gefährlichen versuchen, ihre Lösungen den anderen Menschen aufzudrängen.

Begeht nicht den Fehler, anzunehmen, daß die Menschheit ungeheuer wichtig ist, denn sie ist nur ein Zahn in einem Rad, in einer riesigen Maschine namens Leben.

Stell dir selbst die Frage, weshalb es für die Menschen erforderlich sein sollte, sich für immer unsichtbare oder äußere Feinde zu schaffen? Der Grund liegt darin, daß der Mensch nicht den Mut hat, den inneren Feind in sich selbst anzugehen.

Es gibt keine Dämonen oder Teufel – nur Entschuldigungen! Teufel sind Erfindungen der religiösen ›Autoritäten‹, vom heidnischen Schamanen bis zu den Klerikern im Mittelalter. Damit wollten sie freidenkende Völker durch Angst und Aberglauben versklaven. Denk daran, daß bestimmte Naturmenschen nur ein oder zwei Schritte vom wilden Urzustand entfernt sind. Was, glaubst du, passierte mit den Seelen der Dinosaurier? Einige Menschen reagieren bei der kleinsten Provokation brutal, aber das Böse entspringt nicht dem Einwirken äußerer Kräfte, die mit dem Schicksal der Menschheit ihr Spiel treiben – es ist ein Aspekt ihres eigenen Selbst. Bis der Mensch es lernt, sich selbst zu stellen, klar zu denken und für alle seine Handlungen Verantwortung zu übernehmen, wird das Pendel zwischen Intelligenz und Barbarei weiter hin- und herschwingen.

Genau in dieser Lage befindest du dich. Deine Persönlichkeit zeigt sich darin, wie du damit umgehst. Inzwischen wirst du begriffen haben, daß dich negative Erfahrungen viel weiter bringen als positive.

Sei denen gegenüber, die deinen Weg nicht gehen können, nicht zu streng, denn sie haben nicht den gleichen Blickwinkel wie du oder das gleiche Empfinden. Es ist für niemanden einfach, ganz objektiv zu sein.

Treib die anderen zum Handeln an, wenn sie dich um Rat fragen, sonst machen sie es sich bequem und lassen dich die ganze Arbeit verrichten und kritisieren dann deine Bemühungen, weil das Tier Mensch von Haus aus ein faules Geschöpf ist. Aber so funktioniert es im neuen Zeitalter nicht. Jeder muß aktiv sein, kann nicht darauf warten, daß es andere für ihn sind. Eure Sinne sind durch das allzu gute Leben abgestumpft. Statt herumzusitzen und euch über die Zerstörung eurer Umwelt aufzuregen, solltet ihr etwas dagegen tun. Statt die Wände hochzugehen, errichtet lieber welche oder schafft zumindest ein paar Grundlagen für die Zukunft.

Vergiß nie, wie beschränkt das Verständnis der meisten Menschen ist, wenn es um internationale oder kosmische Vorstellungen geht, die das Leben von Millionen betreffen.

Mit dem irdischen Körper kannst du keine höheren Sphären erreichen; du bist viel zu kompakt (in mehr als einer Hinsicht!), aber höhere Wesen können die Schwingungsleiter heruntersteigen und dir in Zeiten größter Not beistehen.

Zudem kannst du nicht erhoffen, daß du die ganze Vielschichtigkeit des Großen Plans in der beschränkten Form des materiellen Körpers aufnehmen kannst. Jeder Mensch auf Erden, der behauptet, er kenne alle Antworten, irrt sich gewaltig. Folge auf jeden Fall dem Weg innerer Weisheit und erreiche ein gewisses Gleichgewicht, so daß du bereit bist für eine höhere Ebene des Verständnisses. Auch wenn du eingeschränkt bist, kannst du trotzdem große Dinge erreichen, indem du dem Impuls von Licht und Liebe folgst.

Ungestümes, zerstörerisches Agieren löst nichts, erzeugt nur noch weitere karmische Schuld, bedeutet eine vorübergehende Verirrung, die im allgemeinen durch Angst oder Ignoranz entsteht. Warum sollte ein Mensch das Bedürfnis haben, einen anderen zu beherrschen? Bevor ihr euch nicht von solcher Arroganz, dem Streben nach Macht über andere, freimachen könnt, werdet ihr nie ein richtiges Verständnis erlangen; die Türen, die zu den höheren Sphären führen, werden euch fest verschlossen bleiben. Reinheit der Absichten und der Beweggründe, das allein ist der Schlüssel, der sie euch öffnet.

Versuche, dich dem Rhythmus des Kosmos anzupassen, kämpfe nicht dagegen an. Wir wollen dir helfen, damit du lernst, dir selbst zu helfen.

Überlege: Viele Menschen sehen nur das, was sie sehen wollen, übersehen das, was inakzeptabel oder unverdaulich für sie ist. Es hat keinen Sinn, die Augen von unangenehmen Dingen abzuwenden. Damit bist du genauso verantwortungslos wie die Personen, die diese unangenehmen Dinge verursacht haben.

Wenn du aufrichtig die Wahrheit, die Liebe und das Gleichgewicht suchst, die den Großen Plan ausmachen, wirst du herausfinden, daß du bereits die innere Stärke und die Weisheit besitzt, die zukünftigen Veränderungen zu überleben. Kämpfe nicht blindlings gegen die negativen Einflüsse deiner Umwelt, damit du nicht Teil von ihnen wirst. Behutsame Überzeugung und ein gutes Beispiel geben, das ist das ganze Geheimnis, um mit unangenehmen Situationen fertig zu werden. Bemühe dich aktiv darum, dies zu erreichen. Sei tolerant denen gegenüber, die nicht das gleiche Verständnis haben wie du und zeige Mitgefühl denen gegenüber, die dir Leiden verursachen, denn eines Tages spüren sie am eigenen Leib das Ergebnis ihres Handelns. Wenn du dich wirklich für deine Welt und deine Mitmenschen interessierst, dann wird die Dunkelheit von dir weichen, als ob sie nie existiert hätte, und du wirst in hellem Licht erstrahlen.«

›Versuche, dein Leben als einen Meilenstein zu sehen oder als einen Wegweiser auf deinem Weg. Bemühe dich, das, was über dich geschrieben steht, zu begreifen, damit jene, die den gleichen Weg wie du einschlagen, aus deiner Erfahrung Nutzen ziehen…‹

Das Leuchtfeuer – Die Meilensteine

Um die vier kosmischen Energien einzuführen, war es in einem vorherigen Kapitel erforderlich, einen Zeitsprung bis ins Jahr 1981 zu machen, in dem der Zeremonienmeister das erste Mal erschien. Aber die dazwischenliegenden Jahre waren ebenfalls mit mystischen Visionen, »Zufällen«, Enthüllungen und Magie erfüllt. Einige beeinflußten mich stärker als andere, denn in jedem Fall suchte ich weniger die drei anderen Energien als die vertrauteren Anzeichen des Einflusses des Magiers.

In der Zeit dazwischen erlebte ich eine Art spirituelle Metamorphose. Wie ich bereits angedeutet hatte, war mein Leben vor dem Erscheinen der Merlin-Energie materiell ausgerichtet gewesen. Von klein auf hatte ich kein Interesse an geistigen Dingen gehabt. Ich setzte meine ganzen Energien ausschließlich dafür ein, Geld und Ruhm nachzujagen. Im Grunde rührte das daher, daß ich von den etablierten christlichen Religionen enttäuscht war und einer modernen Version des Gottes Mammon huldigte. Aber das messianische Erscheinen der Merlin-Energie in meinem Schlafzimmer bewirkte eine spirituelle Katharsis (Reinigung).

Man berichtete mir, meine ganze Persönlichkeit habe sich verändert – zum Besseren, sollte ich hinzufügen. In der Folge widmete ich meine Zeit intensiven Studien. An verschiedenen Plätzen und in verschiedenen Denkrichtungen suchte ich Bestätigung für Merlins Existenz und fand sie auch. Zu diesem Zweck besuchte ich 1975 als erstes Stonehenge, die berühmte alte Kultstätte in Südengland; aber damals fand ich dort keinen direkten Draht zu Merlin. Doch die Stätte selbst wirkte auf mich wie ein weiterer spiritueller Katalysator, auch wenn ich das physische »Vorhandensein« der Energie, die ich hier zu finden hoffte, nicht spürte.

Nachdem ich bei meinem ersten Besuch in Stonehenge keinen wahrnehmbaren Eindruck von Merlin erhalten hatte, beschloß ich, mich mit meiner Frau nochmals dorthin zu begeben, und zwar an einem Abend im Hochsommer. Stellen Sie sich unser Entsetzen vor, als wir entdeckten, daß Stonehenge einem Schlachtfeld des Ersten Weltkriegs glich. Stacheldraht war gespannt worden, um den Zugang zu den Steinen zu verwehren. Nur ein paar moderne Druiden (keltische Priester der heidnischen Zeit) durften in den Kreis hinein, von außen beobachtet von ungefähr hundert Zuschauern. Die Atmosphäre schien nicht sehr günstig für gute Schwingungen zu sein; viele Besucher fühlten sich durch den Stacheldrahtzaun abgeschreckt.

Ich hatte das Gefühl, wir würden uns vielleicht auf einem »vergeblichen Gang« befinden. Aber ich rechnete nicht mit dem starken Einfühlungsvermögen des Magiers in bezug auf das Tierreich und die Wirkung der aufgehenden Sonne. Als sich am Himmel der erste Lichtschein zeigte, erhoben sich zuerst eine, dann drei, dann Hunderte von Lerchen von den angrenzenden Wiesen in einem zwitschernden Jubelgesang. Dieser Klang muß wohl in die Herzen aller Anwesenden gedrungen sein, genauso wie in unsere. Im Gegensatz zu den meisten anderen Besuchern, deren Aufmerksamkeit auf die aufgehende Sonne gerichtet war, waren wir ganz auf die Steine konzentriert. Plötzlich begriffen wir im Morgenlicht, weshalb Stonehenge als »Tanz des Riesen« bekannt ist, denn wir hätten schwören können, daß die Steine hin und herschwankten, als ob sie tanzten.

Wir verließen die Stätte, noch bevor die Sonne ganz aufgegangen war, da wir das Gefühl hatten, den für uns wichtigsten Teil des Ereignisses mitbekommen zu haben.

* * *

Der Magier hat einen wunderbaren Sinn für Humor. Ein Beispiel dafür bieten die unglaublichen Spiele, die er sich während unserer geomantischen[6] Ausflüge einfallen läßt. Manchmal verirren wir uns hoffnungslos und müssen von Tieren oder Vögeln »gerettet« werden, die offensichtlich

[6] Geomantie: Die Kunst, aus Linien und Figuren wahrzusagen.

gesandt wurden, um uns zu führen. Wir sehen lachende Gesichter in Wolkengebilden, die genau in dem Moment in Erscheinung treten, wenn wir die humorvolle Seite einer Situation erkannt haben, verschwinden dann aber wieder innerhalb von Sekunden. Symbole tauchen in der Landschaft auf, nachdem wir endlich den richtigen Weg entdeckt haben, und wir können seinen Namen oder sein Sternbild auf Straßenschildern, Wirtshaustafeln, Lastwagen, Garagen, Plakatwänden, ja sogar in Schaufenstern lesen.

All das hört sich nach Zufall an, aber wenn man dieses exakte Timing selbst erlebt hat, ist man von der Allgegenwart des Magiers überzeugt. 1979 hatten wir ein bemerkenswertes Erlebnis, als wir von einem vergnüglichen Ausflug in die Malvern Hills nach Hause fuhren. Einer unserer Freunde verkündete plötzlich großspurig: »Die Antwort auf das Rätsel Universum steht auf dem Nummernschild eines blauroten Wagens.«

Auf der Fahrt nach London sahen wir kein einziges entsprechendes Nummernschild und auch keinen blauroten Wagen. Nachdem wir unsere Freunde in London abgeladen hatten, fuhren wir weiter nach Hertfordshire. Wir warteten gerade an einer breiten Straßenkreuzung auf die Weiterfahrt, als ein riesiger blauer Sportwagen an uns vorbeifuhr. Dicht hinter ihm fuhr ein noch größerer roter Sportwagen. Der Lärm ihrer Auspuffrohre hätte sogar die Aufmerksamkeit eines Schwerhörigen auf sich gezogen. Auf dem ersten Nummernschild stand MER und auf dem zweiten LYN. Wir erkannten, daß wir tatsächlich eine Antwort auf das Rätsel Universum erhalten hatten, und zwar durch eine Energie mit verschmitztem Humor, die uns über zwei Stunden hatte auf die Antwort warten lassen.

Im Lauf der Jahre gab es viele solcher Vorfälle. Sie alle aufzuzählen, würde zu weit führen. Deshalb habe ich aus Achtung gegenüber dem Rat des Magiers zu Beginn dieses Kapitels das ausgewählt, was ich als das informativste Material ansehe.

In den beiden folgenden Jahren nach 1975/76 unterzog ich mich einer intensiven spirituellen Neuorientierung. Aus dieser Zeit gibt es vier Ereignisse, die mir wie ein Leuchtfeuer vorkamen. Sie machten einen tiefen, unauslöschlichen Eindruck auf mich, und ich betrachte sie als die vier »Meilensteine« auf meinem persönlichen Weg zur Bewußtwerdung. Jeder dieser Meilensteine ist mit einem entsprechenden Kommentar des Magiers versehen.

›Wie oft hört man, daß meist die besten Antworten die einfachsten sind?‹

Meilenstein eins – Die Suche beginnt

Fast unmittelbar nach dem ersten Erscheinen der Merlin-Energie im Jahr 1975 begann ich mit meiner spirituellen und geomantischen Suche. Unter der Eiche in unserem Garten fanden ausgedehnte Unterrichtsstunden mit dem Magier statt, die mir den Beginn eines neuen Lebensabschnitts eröffneten. Von dem Augenblick an, da ich Merlins Anwesenheit in meinem Leben akzeptierte, spürte ich, wie sich in meinem Inneren ein großes Tor geöffnet hatte, und ich sah alles in einem ganz anderen Licht. Es war, als wenn jemand in einem dunklen Raum, der mein Bewußtsein symbolisert hatte, das Licht angedreht hätte. Ich bemerkte, wie vieles ich für selbstverständlich gehalten hatte.

Während dieser spirituellen Metamorphose stellte ich fest, daß ich immer mehr Sensibilität für natürliche, greifbare Energien in der Landschaft entwickelte. Die Entdeckung der Erdenergie war ein besonderes Erlebnis. Ich erkannte plötzlich, wieviel mir seit der Unbedarftheit meiner Kindertage abgegangen war. Es ist schwierig, den ganzen Prozeß zu beschreiben, den ich durchmachte, aber es war, als ob die Erdenergie immer neue Türen in meinem Inneren öffnete und mir ermöglichte, immer empfänglicher für natürliche und übernatürliche Anregungen zu werden. Zum ersten Mal in meinem Leben begriff ich, was kreative Menschen motiviert, anregende Gedichte zu schreiben oder große Musik zu komponieren. Nachdem ich mich bisher in einen »Kokon der Technologie« eingehüllt hatte, glaubte ich, zu einer viel natürlicheren Lebensform zurückzukehren. Ich war bereit, auf die Annehmlichkeiten des 20. Jahrhunderts zu verzichten, um dafür die Erde und meinen Platz darauf verstehen lernen zu können.

Von solch natürlicher Magie berührt zu werden, ist wirklich ein unglaubliches Gefühl. Diese Erfahrung fand ich besonders wichtig für meine persönliche Suche nach der Wahrheit, da man, um echtes spirituelles Bewußtsein zu erlangen, auch das geomatische Bewußtsein mit einschließen muß; denn die beiden entsprechen einander. Ohne die Vermittlung des Magiers hätte ich das nie begriffen. Er schickte meine ganze Familie auf einen geomantischen Kreuzzug: Schritt für Schritt erschloß er uns das verborgene Wirken der Natur.

Es begann alles damit, daß Merlin mich drängte, lange Wanderungen zu machen. Zuerst dachte ich, es diene dazu, meine Gesundheit zu verbessern; aber natürlich war das nur ein Teil des Plans. Das Wandern machte mir so viel Spaß, daß ich manchmal fünfzehn bis zwanzig Kilometer am Tag zurücklegte. Ich fing an, alles zu Fuß abzugehen, ließ den Wagen zu Hause. Folglich veränderte sich mein Lebensrhythmus, und ich erkannte, wieviel ich verpaßt hatte. Mein Job im Filmgeschäft war mit ständigem Streß verbunden, wodurch mir die ganze Schönheit, die Mutter Natur jeden Tag von neuem bietet, verborgen blieb.

Der Magier sagte einmal zu mir: »Wie oft hast du einen Sonnenaufgang oder -untergang beobachtet? Ich meine, wirklich beobachtet? Die Vögel feiern solch freudige Anlässe jeden Tag mit jubelndem Gezwitscher.«

Schnell holte ich meine Versäumnisse nach. Das Beobachten des Sonnenaufgangs oder Sonnenuntergangs kann ich nur wärmstens empfehlen.

Auf meinen längeren Wanderungen stellte ich fest, daß ich vorher oft mit gesenktem Blick durch die Gegend geschlichen bin, ganz vertieft in irgendwelche finanziellen oder privaten Probleme. Meine Wanderungen übers Land gaben mir von nun an das Gefühl, zu einem lebendigen Teil der wechselnden Jahreszeiten zu werden. Mit den Augen nahm ich alles auf, versuchte, nichts zu übersehen. Ich sog alle Anregungen in mich ein, die die Natur mir bot. Oft begleiteten mich meine beiden kleinen Töchter. Kinder sind so aufgeschlossen für die Natur, und oft waren wir stundenlang damit beschäftigt, einfach nur zu schauen.

Da ich kein Maler bin, kann ich die technischen Schwierigkeiten, eine Landschaft auf die Leinwand zu bannen, nicht voll einschätzen. Doch ich bewundere die Fähigkeit, einen bestimmten Lichteffekt im Kopf zu behalten. Erst wenn man stehenbleibt, sieht man, wie schnell sich das Licht in der Natur verändert. Meiner Meinung nach kommt das Fotografieren nach dem Malen. Aber ich sollte herausfinden, daß sowohl die Malerei als auch das Fotografieren ihren Nutzen haben.

Im Sommer 1975 verspürte ich ein immer größeres Bedürfnis, »magische Stätten« aufzusuchen. Auf Merlins Geheiß unternahmen meine Frau und ich zunächst Reisen nach Stonehenge, Glastonbury und Avebury. Wir suchten auch weiterhin nach einer Bestätigung für die Anwesenheit des Magiers aus Quellen, denen meine Frau innerhalb der spiritualistischen Bewegung vertraute – aber wir akzeptierten nicht alles blindlings.

Etwas später verbrachten wir einen Abend mit Ivor James, der sich auf hellsichtige Malerei spezialisiert hatte. Häufig zeichnete er den geistigen Führer oder Mentor einer Person und informierte dann das Modell ausführlich darüber. Vor diesem Abend waren wir mit den Kindern kurz in Stonehenge gewesen, wo ich einige Fotos aufgenommen hatte.

Zwei Bilder, die sich aus diesen beiden anscheinend unzusammenhängenden Ereignissen herauskristallisierten, boten einen interessanten Vergleich, da sie beide einen bärtigen Mann zeigten, der von links nach rechts blickte. Ivor James beschrieb seine Zeichnung folgendermaßen: »Es ist jemand, der in enger Verbindung zu Ihnen steht. Ich kann nicht deutlicher werden. Es tut mir leid, das ist höchst ungewöhnlich …«

Dagegen war das Foto, das ich in Stonehenge gemacht hatte, ein völliger Flop. Ich hatte versucht, mit der Sonne, die hinter dem Stein aufgetaucht war, einen Effekt zu erzielen, und hatte dabei die Wolkenbildung auf dem Bild nicht beachtet. Verblüfft entdeckte ich in den Wolken auf dem Foto genau die gleiche bärtige Gestalt wie die, die Ivor James mit Kohle gezeichnet hatte.

Es sollte hier erwähnt werden, daß, anders als bei unserem späteren Besuch, unsere erste Begegnung mit Stonehenge sehr aufwühlend gewesen war. Wir konnten uns frei zwischen den Monolithen bewegen, da sie noch kein Stacheldrahtzaun von den Besuchern abtrennte. Ich fand die Steine und ihre Konstruktionsweise äußerst beeindruckend. Auch wenn man die Diskussionen über den Sinn dieser Steinsetzung außer acht läßt, bleiben die bloßen logistischen Probleme, mit denen eine frühere Kultur konfrontiert war, für den modernen Menschen nach wie vor ein unbegreifliches Phänomen. Die Tatsache, daß Merlin mit ihrer angeblichen Geschichte zu tun hatte, erschien mir als ein weiteres Positivum.

Obwohl wir mehrere Wochen lang Merlins Gesicht zwischen den Steinen nicht entdecken konnten, war ich davon überzeugt, daß Merlin eng mit Stonehenge verbunden war. Auf meinem Foto scheint er durch die freie Stelle zwischen den zwei aufrechten Sandsteinblöcken zu blicken, wobei diese Lücken als eine Art »Sehlinien« dienen. Die Stellung der Sonne auf diesem Foto deutet, meiner Meinung nach, auf eine geistige »Erleuchtung« irgendwelcher Art hin. Vielleicht war Merlin der intellektuelle Genius hinter der Entstehung von Stonehenge? Das Foto zeigt ihn herzlich lachend, was charakteristisch für ihn ist. Ganz offensichtlich weiß er etwas, was wir nicht wissen.

Das Foto wurde ungefähr eine Woche nach der hellsichtigen Zeichnung entwickelt, wurde aber schon einige Zeit zuvor aufgenommen. Als wir die beiden Bilder verglichen, fand ich einen überzeugenden Beweis für die Existenz von Merlin: beide entsprachen meiner Vorstellung des Magiers in Menschengestalt.

Danach schien mir alles, was wir erlebten, irgendwie in Zusammenhang mit der Artus-Sage zu stehen. Merlin hatte sie wohl bewußt in den Mittelpunkt gestellt, um uns zu belehren.

›Tröste dich: Sollte die Erde zerstört werden, wären auch zu viele andere spirituelle Initiativen beendet. Deshalb darf das einfach nicht geschehen …‹

Meilenstein zwei – Visionen künftiger Ereignisse

Am siebten Tag des siebten Monats im Jahre 1977 stand ich sieben Minuten nach Mitternacht allein in einem Garten im Schatten der Malvern Hills. Um mich herum spürte ich die Anwesenheit Merlins wie einen erschreckenden Energiestrudel. Ich hatte zwar keine Ahnung, was der Magier heute mit mir vorhatte, aber ich spürte ganz deutlich, etwas Wichtiges würde geschehen; bestimmt wollte er mir eine Information vermitteln, die für die Zukunft von Bedeutung war.

Ohne Einleitung begann der Magier Erklärungen über bestimmte Aspekte der »Artus«-Energie abzugeben. Er erläuterte, daß die Artus-Sagen, die im Mittelalter als »Britische Angelegenheit« bekannt wurden, durchaus ernsthafte Bedeutungen haben, wenngleich man sie nicht wörtlich nehmen darf. Es geht vielmehr um das, was die Geschichten ausdrücken wollen. In ihnen lebt das Wissen um die vier Energien, das Gefühl, »zu einem Land zu gehören«. Dies bezieht sich auf eine harmonische Verbindung, die weit in die Geschichte zurückreicht – wir müssen allerdings erst noch herausfinden, wie weit zurück.

Er erklärte auch, wie wir unsere Suche nach der echten Tafelrunde beginnen müßten und wie die »Britische Angelegenheit« auf die Zukunft der ganzen Welt einwirken könnte. Das Faszinierende daran ist, daß die Artus-Sagen bei Menschen vieler Länder Anklang finden, was ich zum damaligen Zeitpunkt noch nicht erkannte.

Vieles von dem, was er mir darüber berichtete, erscheint an anderer Stelle in diesem Buch. Außerdem erhielt ich persönliche Anweisungen für meine künftige Arbeit.

Um völlig sicherzugehen, bat ich um ein greifbares Zeichen, daß das, was ich hörte, richtig war und das, was ich als Vision sah, auch tatsächlich so war. In dem Augenblick, als ich meine Bitte im Geiste formulierte, löste sich eine Sternschnuppe von der Mitte des Sternbilds, das ich mit dem König assoziiere. Ich sah ein prächtig funkelndes Schwert, das sich in den Sternen von Draco, dem Drachen, abzeichnete. Ich weinte vor Freude und senkte den Kopf, denn mir war klar, daß ich gerade Excalibur gesehen hatte. Der Himmel strahlte so hell, daß der Garten in Licht getaucht war. Es war ein atemberaubender Augenblick, den ich nicht in Worte fassen kann. Ich fühlte mich ganz klein und unbedeutend. Als ich wieder den Kopf hob, begriff ich, daß ich gerade erlebt hatte, wie die erste »Note« einer neuen kosmischen Ouvertüre gespielt wurde.

Während der wogende Schimmer aus Klang und Licht sich am Himmel ausbreitete, gesellte sich eine andere Energie hinzu und vereinte ihren blauen Lichtschein mit dem wirbelnden Purpurrot. Wie gelähmt ließ ich diese starke Artus-Schwingung auf mich wirken. Da sprach der König zu mir:

»Wie schon lange vorausgesagt wurde, wird ›Arthur‹ in irgendeiner Gestalt zu seinem Volk zurückkehren, wenn es in Not ist, um es zum Handeln zu veranlassen – aber dieses Mal übernehmen wir es nicht für sie. ›Ritter‹ und ›Damen‹ bilden einzelne Gruppen, werden durch irgendeinen geheimen Zweck miteinander verbunden. Wenn die Zeit gekommen ist, treffen sich die Hauptdarsteller an einem bestimmten Ort, der in der physischen Welt wenig bekannt ist.

Wir werden ihnen erscheinen, und sie wissen dann, was sie zu tun haben. Sie müssen einen Löwenmut besitzen, denn in diesem Augenblick ist kein Platz mehr für Feiglinge.

Bis zu dem festgesetzten Tage sage ich allen ›Rittern‹ und ›Damen‹: Nutzt die Macht, wo immer sie euch begegnet, seid fest entschlossen dazu. Wenn wir Erfolg haben wollen, müßt ihr lernen, euch über Faulpelze und Dilettanten hinwegzusetzen. Eure Aufgabe ist es, zu handeln und nicht einfach zu beobachten …«

Verstehen Sie jetzt, weshalb der König so ehrfurchtgebietend ist? Ich weiß, dieser Dialog wirkt vielleicht ungewöhnlich melodramatisch, aber diese Art der Mitteilung ist typisch für den König. Dabei handelt es sich in Wirklichkeit um eine stark verschlüsselte Botschaft, die später interpretiert werden muß. Er hat in kurzer Zeit so viel zu vermitteln, da seine Verbindung zu mir sehr dürftig ist, so daß ich mich als Empfänger mehr darauf verlassen muß, wie die Botschaft auf mich wirkte, als ich sie erhielt, als auf das, was tatsächlich gesagt wurde.

Unter »Kraft« versteht er »Lichtenergie« und nicht die physische oder politische Macht über andere. Wenn Emporstrebende dagegen solch spiritueller Energie begegnen, sollte sie diese lediglich ermutigen, zu wachsen. Durch Hingabe und Zuwendung wächst die Energie in uns allen.

»Ritter« und »Damen« sind Codebezeichnungen, die der König beim Gespräch benutzt und die auf seine Verbindung zu den Artus-Sagen hinweisen, aber nicht auf eine gesellschaftliche Elite. Diese Bezeichnungen beziehen sich vielmehr auf blutige Anfänger, und sie zeigen auf, wo sie sich ungefähr auf den vier Hauptwegen zum Gral befinden. Letztendlich sind alle Bezeichnungen bedeutungslos, aber manchmal brauchen wir eine Art Etikett oder Rang zum Zweck der Identifikation.

Hauptdarsteller sind alle jene, die tief in ihrem Inneren fühlen, in Zukunft eine bestimmte Aufgabe zu erfüllen zu haben, aber noch nicht entdeckt haben, worin sie wohl bestehen mag. Bitte, vergessen Sie nicht, das ist nicht irgendeine grandiose Idee, die durch eine egozentrische Sichtweise bestimmt ist. Der König wendet sich an die Menschen, die angefangen haben, die wahre Bedeutung des Wortes »Dienst« zu begreifen.

»Faulpelze und Dilettanten« sind keine ernsthaften Studenten. Der König spricht in dieser Weise, weil er der archetypische Held ist, und wir haben gelernt, dies auch von ihm zu erwarten.

Dann sagte Merlin zu mir:

»Die Zahl sieben hat den Menschen schon zu lange an die Erde gekettet. In dieser Nacht der Vision wurde deshalb soviel Nachdruck auf die Sieben gelegt, um dir das Ende ihrer

Herrschaft zu verkünden. Die Zahl der Zukunft ist die Acht. Wenn du an die Musik denkst, bilden die sieben Noten eine unvollständige Oktave; die achte Note steht am Ende der Tonleiter und leitet die nächste ein. Klammerst du dich zu sehr an die Sieben, bleibst du zu stark der materiellen Welt verhaftet. Um die höheren Sphären zu erreichen, mußt du dich von der Sieben lösen, sonst drehst du dich immer im Kreis und kommst nirgendwo hin ...«

Beide Energien verweilten noch etwas, dann erhoben sie sich zum Himmel, bevor sie dem Blick und den Sinnen entschwanden.

In der folgenden Zeit habe ich entdeckt, was der Magier mit seiner Anspielung auf die Sieben meinte; es ist so interessant, daß man darüber ein eigenes Buch schreiben könnte. Auch in anderen Denksystemen gibt es Elemente, die die Bedeutung der Oktave bestätigen – zum Beispiel der »Achtfache Weg« des Buddhismus und die Kosmische Familie des I-Ging.

Mein nächster Meilenstein zeigt auf, inwiefern zumindest ein Teil der Prophezeiung des Königs wahrzuwerden begann.

›Im Laufe vieler Leben webt ihr ein spiralförmiges Muster spiritueller Energie, vergleichbar mit einem Wollknäuel. Einige von euch bringen dieses Knäuel hoffnungslos durcheinander. Dann verbringen sie weitere Leben, das Durcheinander zu entwirren, das sie verursacht haben. Das alles gehört zu dem Prozeß, den wir »Vollendung des Geistes« nennen oder das »innere Licht«. Es ist lebenswichtig, daß eure höheren Energien in vollendeter Harmonie miteinander stehen.‹

Meilenstein drei – Tor zur Ewigkeit

An einem Sommerabend im Jahr 1977, als meine Frau und ich im Dämmerlicht friedlich zu Hause saßen, vertiefte sich meine innere Vorbereitung. Wir vernahmen einen Laut. Es hörte sich an wie das Rascheln eines Kleidersaums auf dem Teppich. Außer uns war niemand hier, deshalb konzentrierten wir uns auf die Stelle, von der der Laut zu uns gedrungen war, um zu entscheiden, was wir tun sollten. Meine Frau schlug vor, unsere Stühle dorthin zu stellen. Wir taten es, und ich fühlte, etwas würde geschehen.

Als ich die Augen geschlossen hatte, spürte ich die Benommenheit, die mich jedes Mal erfaßt, wenn Merlin kommt. Obwohl ich mich ungezwungen mit meiner Frau unterhielt, hatte ich das Gefühl, ein Teil von mir wäre aus dem Raum entfernt und in eine andere Dimension gebracht worden.

Nachdem mein Blick wieder klar war, befand ich mich in einem dunkelblauen Raum. Drei asiatisch aussehende Gestalten verbeugten sich tief vor mir. Sie verströmten Liebe, aber auf höchst subtile Weise, die weit über das Emotionale hinausging. Ohne Vorwarnung beschworen sie jeden negativen Gedanken, jeden Traum und Alptraum und jede Fantasie, die mir je in meinem Leben widerfahren waren, herauf und konfrontierten mich gnadenlos damit. Ich konnte dem, was ich am meisten fürchtete, nicht ausweichen. Verzweifelt klammerte ich mich an den Namen meines geistigen Führers und sprach ihn laut vor mich hin, wie ein Mantra. Meine Angst verschwand.

Dann begann eine Reise. Immer schneller rasten Bilder an mir vorbei, während ich durch einen schwarzen Tunnel wirbelte. Der Tunnel verschwand genauso schnell, wie er aufgetaucht war, und ich befand mich nun in einem Raum ohne Türen. Er war ziemlich dunkel. Die drei Gestalten näherten sich mir und verbeugten sich erneut tief. Sie sagten mir, ich hätte mich gut gehalten und eine Art Initiation bestanden.

Zuerst war ich zu verblüfft, um zu begreifen, was das alles bedeuten sollte. Der Raum wurde heller, bis ich sehen konnte, daß er ungefähr bis in eine Höhe von 2,50 m getäfelt war, achteckig, mit weißen Wänden über der Täfelung, obwohl ich nicht weit genug zur Decke hochsehen konnte. Das ganze Licht kam von oberhalb der Täfelung.

Ich sprach den vollen Namen meines geistigen Führers aus, und sofort entstanden auf den weißen Wandsegmenten vielfarbige Bewegungen. Jede der acht Facetten hatte ihre eigene Schwingung und erzeugte Schatten, die mit dem Ganzen zu harmonisieren schienen. Ich wandte mich nach und nach jeder Lichtquelle zu und verbeugte mich tief.

Dann begann die zweite Phase. Ich wurde gründlich gemustert, wie ein Insekt unterm Mikroskop, aber auf liebevolle Weise, so daß ich weder Angst noch Unbehagen empfand. Sie drangen in die tiefsten Tiefen meiner Seele vor, und ich stand nackt vor ihnen, ohne jeden Schutz. Ich spürte große Erleichterung, wie das Atmen in frischer Frühlingsluft.

Schließlich zeigten sie sich zufrieden. Wir kommunizierten in einer mir völlig neuen Weise, indem wir uns der Farben und Töne bedienten und nicht der Worte. Ich schien die Fähigkeit zu besitzen, diese Art der Kommunikation zu begreifen, aber es ist mir seither nie mehr gelungen, dies zu wiederholen.

Schließlich begann ein Licht des Friedens auf mich herunter zu scheinen, und ich wurde gebeten, mehrere Aufgaben für sie zu erledigen, was ich bereitwillig versprach. Es wurde mir aber nicht erlaubt, mir alle Aufgaben zu merken, als ich in den Alltag zurückkehrte.

Die drei Gestalten kamen erneut auf mich zu, sie trugen ein Plüschkissen. Sie sagten, ich solle ein Geschenk erhalten. Auf dem Kissen lag eine Krone, ein schlichter Goldreif. Ich hoffte, sie würden mich nicht bitten, sie zu tragen, aber ich hätte es besser wissen müssen. Ganz leicht berührten sie die Krone, so daß ich in sie hineinsehen konnte – das Geschenk war eine Vision!

In der Krone materialisierte sich das Gesicht eines dunkelhaarigen jungen Mannes. Er trug ein T-Shirt und befand sich in Begleitung eines blonden, bärtigen Freundes, der sein engster Gefährte zu sein schien. Ich sah, daß sie zusammen in der Cafeteria einer Universität oder eines College saßen. Dann wechselte das Bild zu einer jungen Frau mit goldfarbenem Haar, die ein elegantes dreiteiliges Ensemble trug. Sie befand sich auf irgendeiner Ausstellung und konzentrierte sich auf eine Merkator-Projektion des Globus, die von hinten beleuchtet wurde. Die Vision verschwand, und ich befand mich wieder mit meiner Frau im Wohnzimmer.

Wir beide spürten, daß ich eine bestimmte persönliche Hürde übersprungen haben mußte. Was die Vision in der Krone bedeutete, muß ich erst noch richtig deuten. Wahrscheinlich hat ein bestimmter Zusammenhang zu der Tatsache bestanden, daß ich 1981 wieder aufs College ging, um ein Examen abzulegen.

Ich bin dankbar für diese Initiation, denn sie brachte mir Zufriedenheit und innere Ruhe; ich habe keine Angst mehr vor dem Unbekannten. Seit damals quält mich kein Alptraum mehr, und mein Kopf ist leichter, da ich weiß, daß solche Bereiche, geistige Reisen und Wesen existieren – wenn auch in anderen Dimensionen von Zeit und Raum.

Aber die Initiation war erst am Anfang. Ungefähr ein Jahr später unternahm ich, wovon ich überzeugt bin, wirklich eine Reise in andere Sphären, die sich für mich als Meilenstein vier erwies.

›Du suchst doch Wege, die zum Licht führen, nicht wahr? Den Weg nach oben? Das Geheimnis liegt in der Harmonie und dem Gleichgewicht, dem äußeren – wie dem inneren. Erst wenn du dich auf das reizende planetarische Wesen einstimmen kannst, das dich über das Himmelsmeer trägt, kommst du voran. Eine Möglichkeit, dem Alptraum zu entgehen, besteht darin, die Heiligen Stätten zu finden, die deine Vorfahren verehrten, und wieder neu zum Leben zu erwecken. Diese Stätten stellen eine wertvolle Verbindung zur Vergangenheit dar.‹

Meilenstein vier – eine andere Zeit, ein anderer Ort

Wie viele Mitmenschen mache ich mir Sorgen um unsere Welt, den Boden unter unseren Füßen. Ich möchte gern wissen, wie ich ihr am besten dienen, sie verstehen und in Harmonie mit ihr leben kann. Dank dem ständigen Drängen des Magiers gelang es mir, Energien zu entdecken, von deren Existenz ich bis dahin keine Ahnung hatte. Durch die alte

Wissenschaft der Geomantik erkannte ich das Vorhandensein einer natürlichen »Ordnung« und die Bedeutung von Zahlen. Ich habe auch Phänomene beobachtet, die nur durch das Vorhandensein anderer Dimensionen erklärt werden können.

In seinem Werk *The Ancient Science of Geomancy* stellt Nigel Pennick die Glaubwürdigkeit dieses alten Systems der Anordnungen und Maße wieder her. Er macht uns darauf aufmerksam, wie wichtig diese in Vergessenheit geratene Wissenschaft der Zahlen, Maße, Proportionen und Harmonien für unser Streben nach einem besseren Verständnis der Erde und uns selbst ist.

Meine erste Bekanntschaft mit der Geomantik verdanke ich dem chinesischen Orakel – dem I-Ging. Merlin selbst hat mich auf dieses Buch aufmerksam gemacht, indem er mir in einen Buchladen in London vorausging. Ich brauchte es nur zu kaufen. Als ich die Erläuterungen durchgelesen hatte, die einen Hauptteil des I-Ging ausmachen, erkannte ich, daß ich mich hier in einem Schatzhaus des Wissens und der Weisheit befand, dessen viele Türen zu unerforschten Gebieten führen konnten.

Ich entdeckte, daß die Chinesen die Erde als ein lebendes Wesen betrachteten – was man um so besser nachvollziehen kann, je intensiver man sich auf die Erde einstellt. Feinstoffliche Energien umgeben uns ständig und durchdringen uns; andere befinden sich in komplexen Mustern unter unseren Füßen. Im Laufe meines persönlichen Wachstums versuchte ich, diese Muster zu enträtseln und sie besser zu verstehen. Dank der Anregungen durch meinen geistigen Führer habe ich diese Arbeit nie einschlafen lassen.

Zur Zeit der Wintersonnenwende im Jahr 1975 begann für mich die praktische Arbeit, als ich die Idee hatte, eine Pilgerfahrt nach Saffron Walden in Essex zu unternehmen.

Dort fanden meine Frau und ich ein Labyrinth und eine Reihe von Erdwällen, die in einem spiralförmigen Muster geistiger Energie miteinander verbunden schienen.

Von da an begann das Bild eines runden Tisches aufzutauchen, der sich über England breitet (wie der Magier mir in Meilenstein zwei erklärte). Zugleich spiegeln sich Muster des Nachthimmels in der Landschaft. Irgendwelche Kräfte treten in Erscheinung und verschwinden wieder, wie die Mondphasen, und Energiekreise und -dreiecke, zeigen sich im ganzen Land, repräsentieren die Energieart, die jeder Ort besitzt.

An einem Abend im Jahre 1978 wurde ich von meinem geistigen Führer gedrängt, den Mittelpunkt einer Grundlinie, die zwischen zwei Hauptenergiequellen im Westen und Osten des Landes quer durch Englang gezogen worden war, zu besuchen. Ich wurde von zwei Freunden begleitet, die bestenfalls als interessierte Skeptiker charakterisiert werden können.

Während wir durch die Landschaft von Buckinghamshire fuhren, wußte ich noch nicht, was mich erwartete. Nachdem wir an dem ziemlich abgelegenen Ort in der Nähe der Stowe School angelangt waren, parkten wir neben einer Kirche, die drohend aus dem Halbdunkel ragte. Es war zwanzig Uhr, und wir gingen auf eine lange Baumallee zu, die, das spürte ich, in irgendeinem Zusammenhang mit den beiden großen Kraftquellen stand.

Als wir in die Allee eintraten, erhob sich Nebel über dem Gras. Außerhalb der Allee wehte ein heftiger Wind, doch auf der Allee war es windstill. Wir hörten, wie der Wind über die Baumspitzen fegte, aber hier war es wie in einer Naturkathedrale. Es herrschte feierliche Stille.

Bei Betreten der Allee konnten wir sie noch bis zum Ende überblicken, aber bald nahm uns der Nebel die Sicht. Nachdem wir noch einige Meter vorangeschritten waren, reichte uns der Nebel bis zu den Schultern. Noch einige Schritte weiter, und der Nebel hatte die unteren Zweige der vom Wind gepeitschten Bäume über uns erreicht.

Roy Davis, einer meiner Begleiter, beschloß, da zu bleiben, wo er war und nicht weiterzugehen. Er konnte im Zwielicht nicht gut sehen und im Nebel schon gar nicht. Wir ließen ihn mit einer Taschenlampe zurück und kämpften uns nach vorne.

Der Nebel war silberblau und sehr dicht, trotzdem hätte ich schwören können, daß uns von Zeit zu Zeit Menschen aus der Gegenrichtung entgegenkamen. Ich vermutete, es wären Einheimische, die diesen öffentlichen Weg benutzten.

Schließlich – nach einer Ewigkeit, wie es uns schien – erreichten wir das Ende der Allee. Dort erwarteten uns ein trübes Licht, ein starker Wind und ein klarer Spätseptember-Himmel. Wir blickten uns um und sahen die Allee noch immer in Nebel gehüllt, aber außerhalb war alles frei. Die Baumspitzen wurden weiterhin heftig vom Wind geschüttelt.

Mein Begleiter war entnervt und beschloß, den Rückweg außerhalb der Allee anzutreten, während ich mich wieder in den Nebel stürzte. Wir hatten die Allee nicht länger als etwa 800 m geschätzt, und so würden wir nach einem zügigen Marsch von ein paar Minuten am anderen Ende wieder auf Roy treffen. Mein Begleiter sagte, er werde alle paar Meter rufen, und ich könne von innen antworten, damit wir in Kontakt blieben.

Dieses Mal herrschte fast völlige Stille im Nebel. Ich konnte überhaupt nichts hören, und meine Rufe schienen unpassend zu sein und wirkten seltsam gedämpft. Bald verlor ich jeglichen Orientierungssinn, doch dann überholten mich ein paar Gestalten. Sie schienen Laternen bei sich zu tragen, deshalb eilte ich ihnen hinterher.

Sie schritten schweigend dahin. Ich folgte ihnen eine Zeitlang und gewöhnte mich an das Geräusch ihrer Umhänge, die über das Gras streiften. (Wenn ich sage, sie trugen Laternen, heißt das, daß sie in einen Schein gedämpften Lichts eingehüllt waren; eine richtige Lichtquelle konnte ich nicht erkennen.) Außer dem leisen Rascheln ihrer Umhänge machten sie kein Geräusch. Ich hatte mir gerade ein Herz gefaßt, die Gestalt vor mir anzusprechen, als mein furchtsamer Freund mir von links etwas zurief. Allein hatte er noch mehr Angst bekommen, da ich ihm auf seine wiederholten Rufe nicht geantwortet hatte. Also war er in den Nebel eingetaucht, um mich zu suchen.

Wir eilten auf die jetzt in der Ferne flackernden Lichter zu. Einige Augenblicke später stießen wir auf Roy, der geduldig auf uns gewartet hatte. Er erzählte uns eine seltsame Geschichte, berichtete von Gestalten, die während seiner einsamen Wacht im Nebel an ihm vorbeigehuscht waren, und davon, daß er, um sich zu orientieren, die Allee überquert und dabei auf jeder Seite die klare Abendlandschaft vor sich gesehen habe. Schließlich habe er uns als winzige Gestalten in dem Nebeltunnel entdeckt, die erst dann größer geworden seien, als wir schon fast vor ihm standen.

Wir waren uns alle einig, genug zu haben, und warfen einen Blick auf unsere Armbanduhren. Bestürzt stellten wir fest, daß es schon 23 Uhr war. Das Wirtshaus, das wir auf der Herfahrt entdeckt hatten und das ungefähr 15 Minuten entfernt war, hatte inzwischen geschlossen, so daß wir dort nicht mehr einkehren konnten, um etwas zu essen.

Nachdem wir die Allee verlassen hatten, teilte sich der Nebel. Später, als wir uns umdrehten, hatte er sich völlig aufgelöst, und wir konnten die ganze Allee überblicken.

Wir stiegen in unseren Wagen und ließen den Motor an. Zu unserer Überraschung sahen wir in dem Wirtshaus noch

Licht brennen. Wir nahmen an, daß es heute länger geöffnet hatte. Als wir in das überfüllte Lokal traten, sahen wir auf die Uhr – es war erst 21.15 Uhr. Wir überprüften unsere Armbanduhren (zwei Digitaluhren, eine mit Uhrwerk); alle zeigten 23.15 Uhr an!

Irgendwie, irgendwo, hatten wir zwei Stunden gewonnen, oder etwas hatte alle drei Uhren vorgestellt. Wie soll man das erklären?

Ich kann es mir nur so erklären: Merlin hatte uns eine andere Dimension mit einem anderen Zeitablauf gezeigt. Die Gestalten, die wir gesehen hatten, gehörten wohl in diesen Bereich. Sie waren mir ja auch als lichtumhüllte Wesen erschienen.

Dieser Vorfall überzeugte Roy von der Möglichkeit unerklärbarer Ereignisse. Aber mein anderer Freund war so schockiert, daß er es ablehnte, je wieder darüber zu reden. Roy und ich waren der Meinung, einen Blick in eine andere Welt geworfen zu haben, nein, mehr als das, vielleicht waren wir durch eine interdimensionale »Tür« gegangen.

Solche Orte existieren tatsächlich. Man muß allerdings besonders empfänglich sein, wenn man an einen Ort gelangt, der einem solch eigenartige Erlebnisse bescheren kann. Seit damals ist mir klar, daß wir alle die potentiellen Möglichkeiten besitzen, uns auf die »kosmische Uhr« einzustellen. Auch wenn solch ungewöhnliche Bedingungen nur zu bestimmten Zeiten gegeben sind, können wir lernen zu deuten, wann diese Ereignisse wohl stattfinden werden, um rechtzeitig zur Stelle zu sein – am rechten Ort, zur rechten Zeit!

Bei einem kürzlichen Besuch in Buckinghamshire mußte ich feststellen, daß die Bäume, die die Allee bildeten, allmählich absterben. Die Verbindung zwischen den Dimensionen scheint aufgehoben zu sein, da sich die Energien vor dem Beginn einer neuen Ordnung verändern und neu arrangieren. Was wir erlebt hatten, konnte eine Art Exodus gewesen sein, der das Schließen einer Tür, die von einer Dimension zu einer anderen führte, ankündigte.

Was können wir daraus lernen? Ich glaube, wir befinden uns an der Schwelle eines tieferen Verständnisses der Energien in uns und um uns. Dieses Verständnis ist wichtig, wenn wir die vielen verhängnisvollen Unausgewogenheiten in der Welt beheben wollen. Die Wissenschaft allein wird es nicht schaffen.

›Viele große Wahrheiten
sehen dich an – du
befindest dich mitten im
Himmlischen Königreich,
du brauchst nur die
Augen zu öffnen...‹

Das Lied der Lieder

Bestimmt haben Sie viele der dramatischen gesellschaftlichen Veränderungen, die heute in der sogenannten zivilisierten westlichen Welt stattfinden, mitbekommen? Die sich wiederholenden Wirtschaftskrisen, das Verschwinden der Baumhecken, das Waldsterben, die Verödung der Innenstädte, die Getreide- und Butterberge, die Fast-Junk-Food-Ketten, die

Zunahme der Arbeitslosigkeit, Drogenmißbrauch, Alkoholismus, Umweltverschmutzung und so weiter?

Vergleichen Sie all das mit den Naturkräften des Planeten Erde: Flutwellen und Dürren, Feuersbrünste und Überschwemmungen, Erdbeben und Vulkanausbrüche. Es ist fast so, als ob wir solche Katastrophen durch unsere egoistische, gedankenlose Behandlung der Erde und der Natur selbst hervorriefen. Aber nicht alle Veränderungen müssen negativ sein.

Vielleicht ist der beste Gradmesser für die Veränderungen, die sich in diesem Jahrhundert in den Industrienationen vollzogen, die populäre Musik. Seit dem Zweiten Weltkrieg hat die Musik mehr als jedes andere Medium auf die Energien der Zeit reagiert. Die populäre Musik hat im öffentlichen Bewußtsein einen großen Stellenwert eingenommen. Durch Worte, verbunden mit einer Melodie, werden bestimmte Energien und Frequenzen einer bestimmten Zeit auf der ganzen Welt verbreitet. Wir alle haben unsere Lieblingsmelodie. Ein Lied prägte meine Entwicklungsjahre besonders – Bob Dylans *The Times They Are A'Changing.* Es schien den damaligen Zeitgeist wiederzugeben. Ein anderes Lied von Dylan, das auch von Peter, Paul und Mary aufgenommen wurde – *Blowing in the Wind* –, drückte eine Stimmung aus, die eine tiefe Schwingung in mir bewirkte. Ich glaube nicht, daß ich damit ganz allein stand. Seither habe ich oft gehört: »Wir leben in einer merkwürdigen Zeit.«

Sie erscheint uns merkwürdig, da es eine Zeit unerbittlicher Veränderungen ist. Die Dinge werden sich ändern, ob es uns gefällt oder nicht. Es scheint keine Möglichkeit zu geben, dies zu vermeiden. Trotzdem wiederhole ich: Es müssen keine schlechten Veränderungen sein. Dylans Botschaft, daß sich Veränderungen abzeichnen, klang vielen Menschen in den Ohren, darunter Musikern, Dichtern, Künstlern und

Philosophen. Es ist eine Botschaft der Hoffnung, die auch bei späteren Generationen nachhallen wird.

Durch unsere Folklore und die populäre Musik haben wir gelernt, unsere Enttäuschungen auszudrücken, denn die Musik (wie alle Kunstformen) hat die Fähigkeit, das Individuum in seinem tiefsten Innern anzusprechen. Von Zeit zu Zeit ist eine solche emotionale Massenbegeisterung wichtig. Elvis, Dylan, Lennon, die Beatles, Buddy Holly, die Rolling Stones, Genesis, Pink Floyd – sie alle haben es zu einem bestimmten Zeitpunkt geschafft, die allgemeine Stimmung oder das Bewußtsein der Menschen in ihrer Musik einzufangen.

Manche Menschen glauben, die Künstler haben diese Stimmung sogar noch plastisch ausgemalt und bei vielen ein Element an die Oberfläche befördert, das uns in der Vergangenheit abhanden gekommen war – den Mystizismus.

Unsere Vorfahren, die dem Puritanismus oder anderen religiösen oder politischen Richtungen anhingen, haben den Menschen in der sogenannten zivilisierten Gesellschaft die Magie und den Mystizismus genommen. Aber diese Elemente sind Teil der menschlichen Psyche und haben seither immer wieder versucht, ihren Platz zurückzuerobern. Ich bin davon überzeugt, daß für viele Menschen auf der ganzen Welt die populäre Musik diese fehlenden Elemente ersetzt. Dies läßt uns zuversichtlich in die Zukunft blicken, denn noch vor ein paar hundert Jahren wäre in Europa so etwas nicht möglich gewesen. Vielmehr wären Folter und grausamer Tod die Folge gewesen. Heute sind wir aufgeklärter. Doch gibt es nach wie vor ein Element der Dunkelheit in der Welt, die Dunkelheit der Ignoranz und der Bigotterie. Der Magier scheint anzudeuten, daß darin der Grund für die Klimakatastrophen zu finden ist.

Viele Menschen erkennen, nicht so weitermachen zu können wie bisher, das heißt, daß die Industrienationen auf

Kosten der Länder der Dritten Welt leben. Im wohlhabenden Westen stapeln sich Nahrungsberge, während zwei Drittel der Weltbevölkerung an der Armutsgrenze stehen. Dies kann nicht so weitergehen, denn die natürlichen Ressourcen der Erde werden allmählich aufgebraucht. Ähnlich wie Nero, scheinen unsere Politiker noch immer herumzutrödeln, während Rom schon brennt. Einschneidende gesellschaftliche Veränderungen müssen stattfinden, aber wie soll es dazu kommen?

Magie und Mystizismus und die Sorge um die Umwelt sensibilisieren immer mehr Menschen für die mißliche Lage unserer Erde. Populäre Musik und aktives Engagement machen ihnen bewußt, daß es für die Menschheit einen größeren Plan gibt und daß es verhängnisvoll ist, ihre Existenz durch Streiten, Egoismus und Ausbeutung der natürlichen Ressourcen zu gefährden. Es stellt sich vielleicht die Frage, weshalb dann dieser Einfluß nicht ins Innere unserer Gesellschaften vordringt, in die Herzen unserer Politiker? Für mich lautet die Antwort: Erstens deshalb, weil unsere Politiker »trunken« sind von den Wirkungen der Macht. (Haben Sie schon jemals versucht, mit einem Betrunkenen ein vernünftiges Gespräch zu führen?) Zweitens: Die sogenannten politischen Führer sind nicht persönlich betroffen; wir müssen das System von uns aus ändern und dürfen nicht zulassen, uns dies von oben aufdrängen zu lassen.

Wir müssen unsere persönliche Verantwortung akzeptieren, sonst wird sich auf lange Sicht nie etwas zum Besseren wenden. Wenn wir nicht die richtigen Entscheidungen treffen, dann werden wir uns wohl unausweichlich zum langsamen Untergang verurteilen: so einfach läuft das.

Ich glaube, es zeichnen sich große kosmische Veränderungen ab. Wir können uns ihnen entweder anpassen, oder wir bleiben auf der Strecke. Vielleicht sind wir nicht allein im

Universum, und vielleicht gibt es Wächter, die sich um die Erde kümmern. Wir alle auf dieser Erde leben in der Furcht vor einer atomaren Vernichtung. Haben wir eine Zukunft vor uns, auf die wir uns freuen können, oder sind wir dazu verdammt, ganz ausgelöscht zu werden?

Die folgenden kostbaren Worte des Magiers bieten uns mehr als einen Hoffnungsschimmer. Er hat angedeutet, wie wir durch strenge Selbstkontrolle eventuell die Chance auf eine sichere Welt ohne Spannungen und Disharmonie bekommen könnten. Der Schlüssel zu einer besseren Zukunft liegt in uns selbst.

* * *

»Ihr könnt euch nicht die Kräfte vorstellen, die bei der Schaffung eines Universums zusammenwirken, und es wird alles weise kontrolliert. Verglichen mit solchen Kräften verblassen die kläglichen Anstrengungen einiger machthungriger Narren zur Bedeutungslosigkeit. Macht keine Fehler, eine Zeit der Prüfung und der Mäßigung steht euch bevor sowie der große Einfluß der anderen Planeten im Sonnensystem, die wie eine Reihe riesiger Elektromagneten funktionieren. Seid bereit für große Veränderungen, vor allem im Bereich des Bewußtseins…

Ihr müßt wissen, daß es uns möglich ist, alle Spuren der Erde aus dem Universum zu verwischen, wenn wir es wollen. Es gibt eine Kraft im Kosmos, die die Erde in eine Decke hüllen, diese zusammenfalten und für immer verschwinden lassen kann. Aber diese Kraft befindet sich nicht in den Bereichen der Materie und kann nie durch einen Erdenmenschen erlangt werden.

Verbannt die Angst vor gefährlichen Wissenschaftlern oder militärischen Despoten, die die Erde völlig zerstören, aus eurem Kopf. Die große Mutter Erde hat ihren eigenen Zeitmesser, und im Vergleich zu dem Aufruhr, der unter den Menschen herrscht, reagiert sie langsam, aber sie wird auf massiven Mißbrauch ihres Ökosystems reagieren – wartet nur ab, und ihr werdet es erleben! Macht euch nicht zu viele Sorgen um die Erde, sie hat viele Sicherheitsvorkehrungen, die die zerstörerischen Elemente in der Industrie und Landwirtschaft langfristig aufheben können. Aber das bedeutet, daß die Menschheit kurzfristig eine Verwüstung hervorrufen kann, für die sie einen hohen Preis zahlen wird.

Glaubt nicht, daß ihr die perfekte Gesellschaft auf der physischen Welt schaffen werdet. Eure materielle Welt ist ein Klassenzimmer, in das ihr immer wieder zurückkehrt, um dort zu lernen. Damit ihr lernt, muß es möglich sein, daß ihr Fehler macht, und das könnt ihr nicht in einer vollkommenen Welt. Solch ein Ideal ist auf der Stufe eurer derzeitigen Existenz unmöglich. Um einen Zustand der Vollkommenheit zu erreichen, ist es erforderlich für euch, aufgeschlossen zu sein für die Tatsache, daß es über jede Situation Meinungsverschiedenheiten geben kann. Zwei Menschen sind sich nie völlig einig über das, was sie zu sehen glauben. Denkt immer daran, am meisten aus schlechten Erfahrungen lernen zu können. Wäre eure Welt ›vollkommen‹, dann wäre die Lernerfahrung nicht viel wert. Deshalb ist eure physische Welt so, wie sie ist, was nicht heißen soll, daß es keine Möglichkeit zur Verbesserung gibt, die aus dem Innern des Individuums kommt. Wir wollen, daß ihr die Lektionen, die euch in eurem Klassenzimmer erteilt werden, lernt. Leider scheinen viele von euch das Klassenzimmer nicht einmal wahrzunehmen. Und jene, die es wahrnehmen, scheinen den Lektionen keine große Aufmerksamkeit zu schenken, geschweige denn den Lehrern. Mehr Sinn für Selbstdisziplin ist erforderlich, für Disziplin des Geistes, des Körpers und der Seele. Daraus erwächst ein stärkeres soziales Bewußtsein – das ist eine direkte Folge der Arbeit an sich selbst.

Viele gesellschaftliche Probleme kreisen um Sex. Die Männer haben Angst vor den Frauen und umgekehrt. Daraus folgt, daß junge Menschen Berührungsängste entwickeln.

Manchmal scheuen sie sich sogar, aufeinander zuzugehen, aus Angst, mißverstanden zu werden. Eure Haltung gegenüber dem Sex verändert sich allmählich, aber ihr verhaltet euch immer noch schrecklich prüde. Mehr Offenheit gegenüber dem Sex und den Beziehungen sollten in einer zukünftigen Gesellschaft Vorrang haben. Gleichheit bei allen Diskussionen und Beschlußfassungen wird dazu beitragen, zwischen den Geschlechtern eine bessere Atmosphäre zu schaffen.

Grundlegende Veränderungen in eurer Wirtschaft, Politik und Religion müssen stattfinden, wenn die derzeitigen Unausgewogenheiten behoben werden sollen. Die Agrarpolitik und die Technik müssen drastisch verändert werden, bevor der Schaden irreparabel wird. Macht keine Fehler. Eine übermäßige Anhäufung von Nahrungsmitteln darf einfach nicht sein, wenn zwei Drittel der Weltbevölkerung vor dem Hungertod stehen. Es ist für jeden moralisch unverzeihlich, Mißbrauch mit Nahrungsmitteln zu treiben, das widerspricht allen Regeln des menschlichen Glaubenskanons. Diese Veränderungen werden eintreten – wenn jene, die ein Stück Macht in der Hand haben, die noch nicht mißbraucht worden ist, anfangen, sie auszuüben.

Jahrhundertelang herrschten politische und soziale Schikane, die von Geheimgesellschaften, die eifrig darauf bedacht waren, die Zügel der Macht in Händen zu halten, ausgeübt wurde. Auch Gott wurde von den Privilegierten vermarktet. Aber vergeßt nicht: Gott ist überall; diese Umklammerung läßt nach, wenn immer mehr von euch erkennen, daß Gott allgegenwärtig ist.

Bei einigen Menschen und ihren Geheimbünden ist die Rassenzugehörigkeit nach wie vor eine fixe Idee. Irrtümlich glauben sie, daß eine Vermischung der Rassen die Nachkommen schwächt. Eure Geschichte zeigt, daß das Gegenteil der Fall ist. Diese fixe Idee stammt aus langer Vorzeit, als das „Hellsehen“ praktiziert wurde. Jene, die glaubten, diese Eigenschaft zu besitzen, waren darauf bedacht, andere davon abzuhalten, diese Gabe zu erwerben. Das ist nicht möglich, obwohl diese Gruppen jeden Trick in ihren Büchern ausprobiert haben, um ihr Ziel zu erreichen. Ihr alle befindet euch in der physischen Welt, um zu lernen, in Frieden miteinander zu leben. Wenn ihr an die Reinkarnation glaubt, warum sollte dann eine Rasse die andere beherrschen? Im Lauf eurer vielen Leben werdet ihr alle Rassen und menschlichen Bedingungen kennenlernen. Dies beweist, daß die Idee der Rassenreinheit ein Unsinn ist.

Jeder menschliche Körper ist schön und sollte in seiner wunderbaren Einmaligkeit geschätzt werden, in der Zeit, in der ihr ihn bewohnt. Aber allzu oft entsteht im allgemeinen Bewußtsein eine falsche Vorstellung von menschlicher Vollkommenheit. Wird man dem nicht gerecht (so künstlich sie auch aufgebaut ist), so entstehen Reibungen, Spannungen, ja sogar Scham. Warum soll Nacktheit Sünde sein? Warum soll sie die Promiskuität fördern? Warum ist das so lustig? Im Westen ruft es oft Verwirrung hervor, wenn man jemanden nackt sieht. Solche Reaktionen sollen tiefere Gefühle übertünchen, genau wie soziale Scham und Prüderie in bezug auf die Zeugung. Euch wurde eingeimpft, Sex als schmutzig anzusehen. Diese Scham und Angst vor dem Körper wird im Laufe der Erziehung auf eure Kinder übertragen. Jugendliche zeigen in ihrer Unbefangenheit oft, wie die Gesellschaft funktionieren sollte. Auch Urwaldvölker besitzen häufig ausgewogenere soziale Ordnungen und eine natürlichere Einstellung gegenüber dem Sex und dem Körper. Aber wenn man sie mit einer ‹kultivierten‹ Person zusammenbringt, empfinden sie plötzlich Scham und bedecken ihre Blöße. Warum? Frage dich selbst, warum du solche Panik vor allem hast, was mit Sex oder deinem Körper zu tun hat, warum du so verlegen wirst, warum du dich nicht gern vor anderen umziehst? Liegt es daran, daß du im Irrtum befangen bist, Sex sei schmutzig, lasterhaft und ekelhaft?

Es ist wichtig, eine verantwortungsbewußte Haltung gegenüber dem Sex einzunehmen. Unerlaubtes abweichendes Verhalten ist das direkte Ergebnis übertrieben strenger Moralvorschriften, die über die Jahrhunderte von allen religiösen Frömmlern erlassen wurden. Sie haben mehr sexuelle Probleme geschaffen als vermieden. Sex wird es immer geben. Er ist ein wichtiger Teil unseres physischen Lebens – und ermöglicht die Fortsetzung des Lebens. Du mußt ein sexuelles Gleichgewicht finden, das dir und deinem Partner zusagt, aber versuche, Extreme in Gedanken und Handlungen zu vermeiden. Die sexuell ausgeglichene Gesellschaft entsteht nicht über Nacht, Veränderungen zum Besseren vollziehen sich nur allmählich. Die Empfängnisverhütung wird langsam als eine wirksame Methode angesehen, die Bevölkerungszahl zu kontrollieren. Es ist nicht falsch, eine unerwünschte Schwangerschaft zu vermeiden, wenn die Umstände so beschaffen sind, daß das Kind leiden würde, wenn es zur Welt käme. Aber das enthebt euch nicht völlig von der Verantwortung. Unüberlegte sexuelle Vereinigungen führen immer noch zu unerwünschten Schwangerschaften, und lieblose Verhaltensweisen schleichen sich ein, die Aufklärung wird anderen überlassen, und alles geht weiter wie gehabt. Wie sollen junge Leute ein Gefühl für sexuelle Verantwortung entwickeln, wenn Sex tabu ist oder niemand sich die Mühe macht, ihnen die Dinge zu erklären?

Wenn eure Gesellschaft vernünftig denken würde, würde jedes ungewollte Kind ein liebevolles Heim bei kinderlosen Paaren finden, aber sehr oft müssen Eltern ein Kind behalten, das sie nicht wollen oder um das sie sich nicht ordnungsgemäß kümmern können, weil es die ‹offizielle› Moral so verlangt. Aber eure gesellschaftliche und sexuelle Moral kann sich wie die Mode verändern. Das ganze Thema ist sowieso voller Rätsel. Jene, die Sex auf Kommando haben, ständig die Partner wechseln, langweilen sich und suchen dann den nächsten sexuellen Kick. Jene, die Sex ablehnen, handeln auch oft anomal und brutal. Es ist unbedingt erforderlich, daß bei der Geschlechtervereinigung ein Gleichgewicht herrscht. Eine offene Beziehung und eine tolerante Haltung sind immer mehr gefragt. Es besteht Hoffnung für die Zukunft, aber es gibt immer noch dunkle Wolken, die beiseitegeschoben werden müssen.

Allzu lange ist der lüsterne Mann jeder Frau hinterhergejagt und hat ihr dann zum Vorwurf gemacht, sie hätte ihn provoziert. Der Frau wird vorgeworfen, sie verführe ihn, sie unterwerfe sich ihm oder sie unterwerfe sich ihm nicht! Entsprechend wird sie dann abgestempelt als eine Frau, die leicht zu haben oder als eine, die prüde ist, oder sogar als Plage. Nachdem er sich die Hörner abgestoßen hat, erwartet unser Held, eine Jungfrau zu heiraten. Sollte eine Frau ähnliche Eroberungsinstinkte zeigen, wird ihr lockere Moral vorgeworfen, ja sie wird als Bedrohung für die Gesellschaft angesehen. Woher rühren solche Haltungen? Schaut euch die patriarchalischen Religionen oder Gesellschaften an – die judäische, christliche oder islamische –, die heute die Welt dominieren. Hier haben die Männer das Recht, die Frauen als rechtmäßiges Eigentum zu betrachten, das nach Belieben benutzt oder mißbraucht werden kann. Religiöse Dogmen haben viele gesellschaftliche Ungleichgewichte hervorgerufen und schüren weiterhin den Konflikt zwischen den Geschlechtern auf der ganzen Welt. Jede Religion, die das Ungleichgewicht fördert, muß mit Mißtrauen betrachtet werden. Versucht, Harmonie in euren sexuellen, gesellschaftlichen und spirituellen Beziehungen zu schaffen. Jede Beziehung zwischen Mann und Frau sollte von dem Motto geprägt sein, liebevoll miteinander umzugehen, sich um den anderen zu kümmern und mit dem anderen zu teilen.

Die Liebe ist ein Schlüssel, der viele Türen aufschließen kann, aber allzu oft wird in eurer physischen Welt die Lust mißverstanden. Wenn ihr nur mehr Sensibilität für die Gefühle anderer aufbringen könntet, würde es nicht so oft solche Probleme geben.

Die Elternschaft bedeutet höchste Selbstaufopferung. Niemand sollte ein Kind zur Welt bringen, wenn er nicht bereit ist, sich zurückzunehmen. Eine Ehe sollte als göttlicher Stand betrachtet werden, der während der Dauer eines irdischen Lebens währt und deshalb nicht leichtsinnig eingegangen werden sollte. Sehr oft wird sexuelles Verlangen für Liebe gehalten. In einem solchen Fall sollte man nicht heiraten. Freie Liebe zwischen einem Paar, das sich einig ist, sollte eine akzeptable Alternative sein – das ist keineswegs ‹sündhaft›, sondern lediglich zweckhaft. Kinder sind ein kostbares Geschenk für ein Ehepaar. Sie sollen in der Geborgenheit einer harmonischen Familie gepflegt werden und dürfen nicht als eine Verpflichtung oder Bürde betrachtet werden. Die Elternschaft bedeutet eine riesige Verantwortung, die eine besondere Beziehung erfordert, um das gewünschte Gleichgewicht und echtes Glück zu erreichen. Sexuelle Bedürfnisse sollten nicht unbeachtet bleiben oder unterdrückt werden. Paare sollten zusammenleben können, noch bevor sie eine Ehe auch nur in Erwägung ziehen, wenn sie irgendwelche Zweifel an ihrer Partnerschaft hegen (vorausgesetzt, beide Partner sind damit einverstanden). Eine echte Ehe ist ein Bündnis fürs Leben.

Erziehung beschränkt sich nicht auf das Klassenzimmer. Die Eltern sollten nicht die ganze Verantwortung für die Erziehung ihrer Kinder auf die Lehrer abladen. Jeder von euch lernt ein Leben lang. Vergeßt nicht, eure Welt ist ein riesiges Klassenzimmer, das ihr erst verlassen könnt, wenn ihr alle Lektionen gelernt habt, die das Leben lehrt. Einige versuchen es zwar, aber sie müssen dann wieder von vorn anfangen, bis sie es verstanden haben.

Wahre Liebe und Mitgefühl sind die wirksamsten Energien, die ihr besitzt, aber ihr zieht es vor, sie zu übersehen. Eure Helfer und Führer in den anderen Sphären sind reine LIEBESenergie. Sie sind um euch, um über euch zu wachen und euch zu belehren, um so selbst auf der großen Oktave zu höheren Frequenzen zu gelangen. Durch ein vorgefertigtes Programm, das vor eurer Geburt mit euch abgesprochen wird, ermöglichen sie euch beide Arten von Erfahrung. Dabei muß von eurer Seite aus die entsprechende Überlegung angestellt werden wegen der karmischen Schuld, die ihr im Lauf eurer verschiedenen Leben angehäuft habt. Denkt daran, Frieden und Liebe beginnen in euch. Lernt zuerst, euch selbst zu lieben, und vergebt eurem physischen Wesen, denn man erwartet von euch keine Vollkommenheit. Dann werdet ihr inneren Frieden finden und fähig werden, dies auf euer alltägliches Leben zu übertragen und letztlich auf die Welt.

Ihr befindet euch mitten im himmlischen Königreich. Eure Führer und Lehrer halten sich in den Sphären des Geistes auf. Sie haben beschlossen, euch auf eurem Weg positive und negative Erfahrungen zu bieten, diese reflektieren sich auf vielen verschiedenen Ebenen eures Lebens. Wie ihr mit diesen auf der physischen Ebene fertig werdet, bestimmt die Reaktionen auf einer höheren Stufe. Denkt immer daran, daß der physische Mensch niemals in die höheren Sphären gelangen kann, denn er besteht nicht aus der richtigen Art von Energie. Aber höhere Formen der Energie werden euch von Zeit zu Zeit als Visionen, Träume, Symbole, Mythen oder sogar als physische Manifestationen zugänglich gemacht. Leider werden viele Informationen vom Empfänger entstellt und verzerrt, aber einige Juwele dringen trotzdem durch, um jenen zu helfen, die sie brauchen. Im Grunde braucht ihr alle diese Energie, wenn auch viele sich dessen nicht bewußt sind.

Der menschliche Geist ist eine wunderbare Kraft. Er kann alles schaffen, was er will. Jahrhundertelang haben skrupellose Menschen ihre eigenen Ideale den anderen aufgedrängt. Denkt daran, eure derzeitige Vorstellung von ›Wirklichkeit‹ ist nur eine Illusion. Ihr habt ein Lebenssystem akzeptiert, ohne es in Frage zu stellen. Dadurch dauert es an. Ihr habt die Fähigkeit, dies zu ändern, wartet nicht passiv darauf, daß ihr ›gerettet‹ werdet. Ihr müßt euch nur entscheiden, euer Leben nach dem Muster zu leben, das ihr wählt, und niemand kann euch etwas anderes vorschreiben. Wenn ihr ein glückliches Leben wollt, dann sprecht euch einfach vor: ›Ich werde ein glückliches Leben führen‹ – und dann packt es an. Akzeptiert nicht alles blindlings, stellt immer Fragen. Aber denkt daran, die anderen dürfen euch auch Fragen stellen und haben das gleiche Recht, ihren eigenen Weg zu einem glücklichen Leben zu gehen.

Viel Unsinn wurde über die Degeneration der Rassen verbreitet. Ihr müßt begreifen, daß die Menschheit immer eine Wahl hatte. Eine Seele ist bereit, sich bestimmten Prüfungen zu stellen, bevor sie in den physischen Körper schlüpft; ein Maßstab für Erfolg oder Mißerfolg ist der Fortschritt oder

Niedergang der Kultur, der sie jetzt angehört. Jede Seele ist ein Teil der Energie der Rasse während ihres Aufenthalts auf der physischen Welt.

Sensibilität ist ein zweischneidiges Schwert. Sie eröffnet Kanäle zu deinem höheren Selbst und bringt Erinnerungen zurück, wie die Dinge in der materiellen Welt sein könnten und sollten. Dies kann immer frustrierender werden. Eure Zukunftsvision verbessert sich, und folglich werdet ihr die Lösungen für Probleme sehen, die andere nicht erkennen oder nicht akzeptieren. Ihr werdet feststellen, daß ihr auf eurem Weg immer einsamer werdet, je weiter ihr voranschreitet. Verzweifelt nicht. Solche Perioden der Einsamkeit sind wichtige Initiationen und können von kurzer oder langer Dauer sein – das hängt von euch ab und davon, wie ihr damit fertig werdet. Bringt jenen, die anderer Ansicht sind als ihr, Geduld und Toleranz entgegen, findet Möglichkeiten, eure Ideen mitzuteilen, und dann werdet ihr vielleicht in der Lage sein, jene Probleme energisch anzugehen, ohne deutlich gezeigte Gleichgültigkeit überwinden zu müssen.

Wenn die Zeit dafür gekommen ist, kehrt ihr in euer spirituelles Heim zurück, in die Welt höherer Schwingung. Ihr nehmt das Wissen und die Erfahrung, die ihr auf Erden erworben habt, mit. Jene, die für andere gearbeitet und sich nicht nur auf sich selbst konzentriert haben, bereichern die kosmischen Datenbanken um viel wertvollere Informationen als jene, die nur an sich dachten. Aber jede positive und negative Information wird gleichermaßen positiv genutzt, was die Führung und Entwicklung der größeren Galaxie angeht, denn nichts ist je verschwendet.

Vergeßt nie, ihr müßt träumen. Es ist gut für euch, zu träumen, eure Fantasie zu benutzen. Zu viele Seelen kehren zur Quelle zurück und haben in bezug auf Selbstdarstellung oder Selbstverwirklichung wenig oder gar nichts zu bieten – auch nicht im Traumzustand. In eurer sogenannten Kultiviertheit ist es unwichtig geworden, zu träumen oder geistige Abenteuer zu genießen. Schlimmer noch, ihr setzt euch immer stärkeren Sinneseindrücken aus. Ihr müßt euch täglich die Zeit nehmen, euch zurückzuziehen, dem Geräuschpegel des Alltagslärms zu entgehen, denn in dieser geheimen Oase, die ihr für euch selbst gefunden habt, entwickelt sich euer inneres Ich.

Wie lange ist es her, daß ihr ganz bewußt einen Sonnenaufgang oder -untergang erlebt habt? Wie oft lauft ihr mit gesenktem Blick herum? Blickt hoch, blickt euch um, erlebt die Schönheit, die Klugheit, die Gestaltung, den Humor der Natur überall – sogar in Städten, wo ihr es am wenigsten erwartet.

Ich habe euch gesagt, daß neue Energien zur Erde strömen. Sie werden euch bei allem helfen und euch unterstützen, den Weg zurück zu eurem eigenen persönlichen Weg zu finden, wenn ihr entdeckt, daß ihr herumgeirrt oder abgelenkt worden seid. Seid jeden Tag ein paar Augenblicke ganz ehrlich, betrachtet euch und die Welt um euch herum ohne Scheuklappen – es zahlt sich aus.

Eure Zukunft muß einen privilegierten Ort für die älteren Leute und die sehr jungen mit einschließen. Jedes Land oder jeder Mensch, die die Alten vernachlässigen und die Jungen zurückweisen, verdienen Verachtung. Ihr wart alle einmal jung und werdet alle alt – da führt kein Weg daran vorbei. Es ist ein natürliches Fortschreiten. Aber eure derzeitige Welt schätzt nur jene, die stark sind, die das ›Bruttosozialprodukt‹ erzeugen. Seht nur all die frustrierten Gesichter um euch herum. Ist das das Paradies?

Die Älteren und Gebrechlichen sollten immer mit euerer Fürsorge, eurem Mitgefühl und eurer Verantwortung rechnen können. Wie, glaubt ihr, werdet ihr behandelt, wenn ihr alt seid? Stellt euch euer eigenes Alter vor, bevor ihr die Augen vor der Notlage jener schließt, die nicht immer für sich selbst eintreten können oder durch nachlassende Kräfte und kleines Einkommen nicht mehr für ihren Lebensunterhalt sorgen können. Solltet ihr irgendeinen Groll gegen die Alten im Herzen hegen, dann wird euch eines Tages der Grad und das Ausmaß eurer Scham vor Augen geführt werden. Wenn ihr die Schwachen, Schutzlosen und älteren Mitglieder eurer Gemeinschaft zurückweist, weist ihr Gott zurück!«

›Vergeßt nicht, ihr seid nicht allein. Wir sind immer bei euch. Öffnet eure Augen, und ihr werdet sehen; öffnet eure Ohren, und ihr werdet hören. Beruhigt euren Geist, und die Wahrheit kann in euch eindringen. Das ist alles, was wir von euch verlangen.‹

Das Drama, das wir Leben nennen

»Die ganze Welt ist Bühne,
Und alle Frau'n und Männer bloße Spieler.
Sie treten auf und gehen wieder ab,
Sein Leben lang spielt einer manche Rollen …«

William Shakespeare, Wie es euch gefällt II, 7

Es ist eine große Wahrheit: Das Drama ist ein wesentlicher Teil der menschlichen Verhaltensweisen. Jeden Tag spielen wir eine Rolle, entweder zu Hause, am Arbeitsplatz, bei Parties und gesellschaftlichen Ereignissen oder auf dem Markt. Betrachten Sie sich genau, und vielleicht stellen Sie dann fest, daß Sie viele Gesichter haben oder Masken, die Sie während des Tages tragen. Das Leben, so wie wir es kennen, hat sich zu einer Reihe von unkoordinierten Akten entwickelt. Wir gestehen uns nicht mehr ein, daß wir eine Vorstellung geben. Aber für wen? Was für Charaktere stellen wir dar? Werden wir je entdecken, wer wir wirklich sind?

Sehen Sie sich das Beispiel der Griechen in der Antike an. Sie waren sich der subtilen Einflüsse, die das Drama auf ihr Leben ausübte, genau bewußt; bei ihnen war die Kunst ein religiöses Fest zu Ehren ihres Gottes Dionysos (Bei den Römern war es Bacchus).

Die Bacchus-Feste wurden von jeher zu einer Zeit abgehalten, die mit dem modernen Weihnachtsfest zusammenfällt. Aber jene, die immer noch Spiele und Pantomimen aufführen und in der Weihnachtszeit Parties geben, erkennen nicht, daß bei solchen Anlässen die vierte oder dionysische Energie vorhanden ist.

Jeder Berufsschauspieler wird bestätigen, daß eine Aufführung eine eigene Energie besitzt. Bestimmte Charaktere der Klassiker besitzen diese Energie ebenfalls; der eigentliche Akt auf der Bühne scheint diese Energie zwischen Schauspieler und Publikum zu übertragen, wenn sie gemeinsam einen Schöpfungsakt erleben. Es ist eine Sache des Augenblicks, flüchtig, vorübergehend. Aber einige Stücke sind in dieser Hinsicht effizienter als andere, auch einige Charaktere eignen sich besser zur Erzeugung solcher Energie. Genauso ist es im Leben.

Das ist das Wesen des dionysischen Elements der Darstellung. Es kann manchmal ungezügelt sein, ja sogar außer Kontrolle geraten, wenn es nicht richtig verstanden oder korrekt gelenkt wird. Aber man braucht sich nicht davor zu fürchten. Wir müssen begreifen, daß diese Energie zum menschlichen Wesen gehört. Sie hält unsere Kreativität aufrecht. Aber sie ist, wie bereits erwähnt, nur eine Facette eines komplizierteren Ganzen. Ich habe erkannt, daß es vier große Energien in uns gibt. Um sie verständlicher zu machen, mußte ich sie durch bestimmte Gestalten symbolisieren: »Der Magier«, »Der König«, »Die Heilige Frau« und »Der Mystiker«. Interessant ist, daß die Wissenschaft ebenfalls vier Grundenergien aufzeigt, die die Fundamente des Universums ausmachen: die Schwerkraft, den Elektromagnetismus und die starke und schwache Atomkraft. (Die starke Atomkraft ist jene, die die Atome und Moleküle zusammenhält; die schwache Atomkraft ist die, die sie auseinanderhält, so daß sie schwingen können).

Dieses Muster der »vier« Energien hallt kontinuierlich durch die ganze Skala der menschlichen Erfahrung. Ich glaube, es prägt auch unser Unterbewußtsein. C.G. Jung stellte dies bereits in seinem Werk *Archetyp und Unbewußtes* fest.

Warum beschäftigen uns in unserer Literatur, unseren Träumen, unserer Kunst, unserer Religion und in unserem Alltag immer wieder die gleichen Themen? Gibt es im Universum eine Quelle kollektiver Energie, die in Form der vier Energien in Erscheinung tritt? Ich glaube, das ist so. Ich bezeichne dies als »Gott«. Aber wir machen ständig den Fehler, einer von diesen vier Energien zum Schaden aller anderen übermäßig zu huldigen.

Der Raum, den wir bewohnen, ist dreidimensional, wobei die Zeit eine mögliche vierte Dimension darstellen kann.

Auch unsere Körper sind dreidimensional und den subtilen Veränderungen der Zeit unterworfen. In der physischen Welt gibt es eine Menge »Vierheiten«.

Wenden wir uns den religiösen Aspekten zu: In der biblischen Geschichte von Maria und Jesus gibt es vier anstatt, wie häufig angenommen, drei Archetypen: Jesus (der König), Maria (die Heilige Frau), Gottvater (der Magier) und Satan oder Saturn (der Mystiker).

Diese Geschichte hat die westliche Kultur stark geprägt, doch M.H. Tester zeigt in seinem Buch *But What Do We Tell The Children* auf, wie sich die Geschichte von der Jungfrauengeburt durch die Jahrhunderte zieht. Jesus war offenbar der siebte Christus in der Menschheitsgeschichte. Wir brauchen anscheinend solche Heldengestalten, zu denen wir hochblicken und die wir als leuchtendes Beispiel nehmen können, aber auch das ist nur ein Viertel des Ganzen. Es gab in dieser Mythologie vier Schlüsselfiguren und natürlich letzten Endes vier Evangelisten. Im Alten Testament finden wir in der Genesis Adam und Eva mit ihren Söhnen Kain und Abel.

In den Artus-Sagen gibt es Merlin (der Magier), Arthur (der dem Untergang geweihte Krieger/König), die Heilige Frau in dreifacher Gestalt – (Ginevra – nach dem Vorbild von Eva, Morgan-le-Fey und der Dame vom See) und schließlich Mordred/Lancelot (der widerstrebende Zerstörer). Das sind wieder »vier« große Gestalten.

Natürlich könnte man auch noch die vier Jahreszeiten anführen, die vier Winde, die vier Himmelsrichtungen, die vier Gesichter von Brahma, die vier Paradiesströme, die vier Elemente und die vier Reiter der Apokalypse. In der Religion und Mythologie gibt es sehr viele Hinweise auf »vier« – Anspielungen auf die vier Energieströme.

Werfen wir einen Blick auf die Musik. Im Westen ist die Musik eingeteilt in Tonleitern oder Oktaven, die acht Hauptnoten und dreizehn chromatische Noten enthalten. Die acht Hauptnoten könnten den Aufbau der vier Energien bedeuten oder die Aufteilung der Vier in ihre wesentlichen Schwingungselemente.

Meine Untersuchungen im Bereich der Musik und der menschlichen Gestalt ergaben, daß wir vermutlich dreizehn Körperzonen haben, die als Noten in unseren persönlichen Oktaven betrachtet werden könnten, die ihrerseits vermutlich Sammlungen von weiteren Oktaven in verschiedenen Frequenzen sind. In jeder Musik-Oktave git es nur sechs ganze Töne. Die sechs Töne der menschlichen Oktave scheinen den archetypischen Körper eines ca. 1,82 cm großen Menschen darzustellen. Wenn wir diese Proportionen zwischen den vier Energien aufteilen, ergibt sich, daß anderthalb Töne einem Energieeinfluß entsprechen. Anderthalb Fuß (etwa 46 cm) entsprechen dem alten Maß der Elle. Das Verhältnis von 1:1,5 ist das des Grundtons zur Dominante (auf der gleichen Tonleiter) und des Fuß zur Elle. Bevor Sie über solche Vorstellungen lächeln oder sie als verrückt abtun, lesen Sie die Empfehlungen zum Bau von Treppen: eine Treppe muß mindestens dreizehn Stufen haben (nicht zwölf). Untersuchungen haben ergeben, daß die Leute herunterfallen, wenn dies nicht befolgt wird. Könnte es sein, daß unser Leben durch Frequenzen beherrscht wird? Oder durch Energien?

Betrachten wir die alte nördliche Fuß-Maßeinheit von 13,2 Inches. Sie soll seit mindestens 5000 Jahren bestehen und war einst in Europa und im Osten in Gebrauch. 1977 machte mich der Magier auf dieses Maß aufmerksam. Zu dieser Zeit hatte ich keine Ahnung, daß es überhaupt ein solches Maß gab. Zehn Jahre später fand ein Freund den Beweis für mich in O'Keefe's Werk *Weights and Measures* und schickte mir eine Kopie davon. Natürlich war ich begeistert. Wenn wir dieses Fuß-Maß mit den Musikfrequenzen vergleichen, stellen wir fest, daß die Note bei einer Oktave unter dem eingestrichenen C bei 132 Hertz oder Perioden pro Sekunde schwingt. Entdecken wir dann, daß 13,2 Inches (1,1 Fuß) somit das Maß sind, das die Tongeschwindigkeit erhöht, wenn die Temperatur um 1 Grad Celsius ansteigt, fangen wir an, subtile Zusammenhänge zwischen bestimmten Maßen und der Musik zu sehen.

Was können wir aus all diesen Beweisen ableiten? Sie mögen zufällig sein, aber wir müssen davon ausgehen, daß das Drama, das wir »Leben« nennen, einen höheren Zweck hat und daß einst durch die Maße eine Verbindung zu einem darunterliegenden Muster, einer Frequenz, einem Plan oder Script, das vergessen oder verloren wurde, bestand. Vielleicht waren Landmaße einst Harmonien natürlicher Energie. Ich finde, wir sollten Ausschau nach mehr Spuren dieses alten Scripts halten und herausfinden, wo wir in das derzeitige Drehbuch passen. Wir sollten festzustellen versuchen, welche Rolle man von uns erwartet. Die himmlischen Regisseure geben ihre Bühnenanweisungen durch die unerwarteten Dinge, die uns im Alltag passieren, aber die meisten von uns sind zu blind, um es zu erkennen. Nicht immer beachten wir sie, geschweige denn, daß wir korrekt darauf reagieren. Wir müssen lernen, die uns zugedachten Rollen zu akzeptieren. Das ist kein einfacher Vorgang, wie ich aus eigener bitterer Erfahrung weiß. Aber es kann einfacher werden, wenn wir es versuchen und unsere »Szenen« ehrlich spielen, ohne vorzugeben, jemand zu sein, der wir nicht sind. Unsere erste Aufgabe besteht darin, ehrlich gegenüber uns selbst zu sein, unsere Stärke und Schwäche anzuerkennen. Dann müssen wir den Teil des »Kosmischen Scripts« finden, der sich auf uns bezieht.

Das ist keine leichte Aufgabe. Es treten viele Probleme auf, wenn man beschließt, eine solche Aufgabe zu übernehmen. Skrupellose Menschen haben versucht, im Laufe der Zeit das Originalscript zu vernichten. Andere haben versucht, es zu verstecken, herauszugeben, abzuändern oder das ganze Wissen darin zu vernichten. Fast wäre es ihnen gelungen, was unsere Aufgabe doppelt erschwert. Aber trotz allem geht das Drama weiter, denn das Spiel muß weitergehen.

Wir müssen bestimmen, ob wir Statisten oder Hauptdarsteller sein wollen. Dann müssen wir unsere zugewiesenen Rollen annehmen, denn wir wissen, daß im Laufe vieler Leben für uns eines Tages die Zeit kommen wird, in der wir mitten auf der Bühne stehen. Leider zeigen allzu wenige von uns die Bereitschaft, dies zu akzeptieren, oder ein Bewußtsein dafür, vielleicht vom Schicksal dazu bestimmt zu sein, unser Leben wie auf einem Provinztheater zu spielen. Offensichtlich können wir bei den Weltereignissen nicht alle auf der Hauptbühne stehen; sie würde unter dem Gewicht zusammenbrechen. Doch einige Menschen drängen sich, lange bevor die Zeit reif dafür ist, zu dieser Arena vor, was verheerende Folgen hat.

Es ist von allerhöchster Wichtigkeit, daß wir die Bedeutung dieses »Dramas« in unserem Leben erkennen. Dieses Wissen hilft uns, zu begreifen, was Illusion und was Wirklichkeit ist. Die Szenerie um uns herum scheint real zu sein, aber einige unserer Mitspieler sind erpicht darauf, das Set zu zerstören, da es nicht dem künstlichen Gebilde entspricht, das sie dank grober Mißdeutung eines falschen Scripts aufgebaut haben. Wenn sie doch nur innehalten und sich und ihren Part ernst nehmen würden, dann könnten sie einen Blick auf das wirkliche Drama erhaschen, das abläuft.

Wenn ein Schauspieler einmal begriffen hat, worum es bei dem ganzen Stück geht, kann er die mühsame Aufgabe in

Angriff nehmen, die einzelnen Szenen zu verstehen. Aber damit ist es nicht genug. Es entstehen immer große Probleme, wenn sich das Ende eines Akts nähert (oder das Ende einer Ära), denn das deutet einen größeren Übergang oder Umbruch im Stück an. Das ist ein Zeitraum, in dem sich völlig neue Schwerpunkte ergeben, die zu neuen Ufern oder Inhalten führen.

Schließlich handelt unsere Rolle in diesem Spiel von unserer Reise – oder besser der Seelenreise – zur Integration, die stattfindet, wenn das, »was unten und was oben ist, eins ist« (Ralph Blum, *The Book of Runes)*. Jeder von uns muß sich fragen, was man unter »richtiger Handlungsweise« versteht. Wenn unsere Regieanweisungen klar sind, können wir damit anfangen, unsere Weigerung zu neutralisieren, damit wir richtig handeln.

Durch meine Abenteuer mit dem Magier glaube ich einen Teil des Kosmischen Scripts gefunden zu haben, der sich auf mich bezieht. Eine vierfache Vision, ähnlich wie die von William Blake beschriebene:

Ich sehe jetzt eine vierfache Vision,
Und eine vierfache Vision wurde mir geschenkt;
Sie ist vierfach in meiner höchsten Lust
Und dreifach in lieblichen Nächten der Wonne
Und zweifach immer. Gott möge uns bewahren vor
einer einfachen Vision und Newtons Schlaf.

Die ›einfache Vision und Newtons Schlaf‹ haben uns fast an den Rand des Untergangs gebracht. Und doch glauben noch immer viele wohlmeinende Menschen, daß irgendein Erlöser oder himmlischer Regisseur irgendwann auftauchen und alles wieder regeln wird. Ich versichere Ihnen, der Magier hat diese Vorstellung nicht geteilt. Im Gegenteil: Bei unseren Gesprächen hat er angedeutet, daß wir es dieses Mal selbst richtig machen müssen, auch wenn wir gelegentlich Ratschläge von dem wunderlichen Gesprächsleiter oder Bühnenmanager bekommen. Wie wird sich das vollziehen?

Nach meiner Überzeugung sind die vier Grundenergien des Universums als archetypische Bilder in unserem Unbewußten und unserem physischen Äußeren enthalten. Ich glaube, es gibt eine Vielzahl von Symbolen, die in uns zum Leben erwachen, wenn gleichgestimmte Schwingungen aus dem Kosmos oder der Erde im Spiel sind.

Der Autor Geoffrey Ashe nimmt an, daß viele psychische und spirituelle »Auslöser« aus verborgenen Quellen stammen, wie zum Beispiel aus dem geheimnisvollen Königreich Shambhala. Ich habe nichts gegen eine solche Vorstellung, denn sie erinnert an eine Initiation, die ich an anderer Stelle in diesem Buch beschrieben habe. Ich glaube, daß es überirdische Wesen gibt, die hier auf der Erde sind, um uns zu helfen, und die auf ihre eigene Entwicklung verzichten, um näher bei den Menschen zu sein, um uns zu inspirieren. Ihr Kontakt mit uns ist nicht immer gleich intensiv. Die Erfahrungen, die ich gemacht habe, sind dank solcher Helfer – Gesprächsleiter und Bühnenmanager – möglich. Sie helfen dabei, Verbindungen zwischen der physischen Welt und den spirituellen Sphären herzustellen. Die Merlin-Energie erklärte mir bei vielen Gelegenheiten, daß sie mich ohne die Hilfe einer solchen Gruppe von »spirituellen Vermittlern« nicht hätte erreichen können.

Meines Erachtens ist es in starkem Maße solchen Helfern zu verdanken, daß eine bestimmte Musik komponiert wird und philosophische Bücher geschrieben werden. Alte chinesische Klassiker wie das *I-Ging* und das *Tao-Te-King* sind keinem bestimmten Autor zuzuordnen. Der Name Laotse, der oft mit dem Tao in Zusammenhang gebracht wird, bedeutet lediglich »Alter Meister« und ist nicht der Name einer bestimmten Person. Auch wenn die Autoren dieser Meisterwerke nicht bekannt sind, gibt uns einer der Lehrsätze (Nummer 25) im *Tao-Te-King* vielleicht einen Anhaltspunkt:

»Etwas geheimnisvoll Geformtes, das vor der Entstehung von Himmel und Erde existierte,
In der Stille und dem leeren Raum. Es war allein und unveränderlich,
Immer gegenwärtig und in Bewegung.
Vielleicht ist es die Mutter der zehntausend Dinge?
Ich kenne seinen Namen nicht. Nennen wir es Tao.
Mangels eines besseren Begriffs nenne ich es groß.
Da es groß ist, fließt es. Es fließt weit weg.
Nachdem es weit weg war, kehrt es zurück.
Deshalb: das Tao ist groß, der Himmel ist groß,
die Erde ist groß;
Der König ist ebenfalls groß.
Das sind die vier großen Kräfte des Universums,
Und der König ist eine davon.
Der Mensch folgt der Erde. Die Erde folgt dem Himmel.
Der Himmel folgt dem Tao. Das Tao folgt allem, was natürlich ist.«

Laotse

Es ist meine ganz persönliche Meinung, daß das Tao dem Kosmischen Script am meisten entspricht. Ich glaube, daß die Zukunft durch unsere Fähigkeit bestimmt wird, uns wieder des Taos bewußt zu werden, des Kosmischen Scripts und all dessen, was natürlich ist.

Merlins Gebet

›Möge das Licht des Friedens, der Freude und Liebe mit euch sein jetzt und für alle Zeiten…‹

Danksagung

Folgenden Freunden möchte ich gerne für ihre unschätzbare Hilfe bei der Erstellung dieses Manuskripts danken: Roy Davis, Debbie Rice, Toni Abdey, Michael Mann, Linda Coyle, Robert Chalcroft, Michael Stone, Christine Haesler, Shaun Thorpe, Terry Utting, Nicholas Ayres und vielen anderen guten Freunden und Briefpartnern.

Ganz besonders danke ich Courtney Davis für seine wundervollen Illustrationen.

Michael Joseph sage ich Dank für seine ständige Ermunterung, redaktionelle Hilfe und konstruktive Unterstützung bei der Erstellung des Manuskripts.

Meiner lieben Frau danke ich besonders herzlich für ihre Liebe und Geduld. Sie hat mich auf meine Suche vorbereitet und mich dabei so oft wie möglich begleitet.

Schließlich muß ich mich bei den vier Wächtern bedanken – dem König, dem Mystiker, der Heiligen Frau und dem Magier. Mein spezieller Dank gebührt ›Merlin‹, denn ohne ihn wäre das Werk nicht zustande gekommen.

Peter Quiller

Bibliografie

Hier werden die im Werk benutzten Bücher aufgeführt. Es handelt sich dabei hauptsächlich um die in England herausgegebenen Ausgaben. In einigen Fällen werden spätere Taschenbuchausgaben anstelle der ursprünglichen gebundenen Ausgabe zitiert.

Englische Ausgaben

Ashe, Geoffrey *Camelot and the Vision of Albion,* Heinemann, London 1970.

Ashe, Geoffrey *The Quest for Arthur's Britain,* Paladin, London 1971

Ashe, Geoffrey *The Ancient Wisdom,* Heinemann, London 1977.

Blake, William *The Complete Poems,* Penguin, London 1981.

Blum, Ralph *The Book of Runes,* Michael Joseph, London 1982.

Bradley, Marion *The Mists of Avalon,* Michael Joseph, London 1983.

Joyce, Donovan *The Jesus Scroll,* Sphere, London 1975.

Jung, C. G. *Archetypes and the Collective Unconscious,* R.K.P., London 1969.

Lao Tsu *Tai Te Ching,* Wildwood House, London 1975.

Lethbridge, T.C.A *Step in The Dark,* R.K.P., London 1967.

Lewis, C.S. *That Hideous Strength,* Pan, London 1972.

Lincoln, H., Leigh, R. & Baigent, M. *The Holy Blood and The Holy Grail,* Jonathan Cape, London 1982.

Lincoln, H., Leigh, R. & Baigent, M. *The Messianic Legacy,* Jonathan Cape, London 1986.

Michell, John The *New View Over Atlantis,* Thames & Hudson, London 1986.

O'Keefe, John Alfred (ed.) *Laws of Weights and Measures,* Butterworth, London 1977.

Pennick, Nigel *The Ancient Science of Geomancy,* Thames & Hudson, London 1979.

Powys, John Cowper *A Glastonbury Romance,* Picador, London 1975.

Shakespeare, William *The Complete Works,* Cassell, London 1958.

Stewart, Mary *The Crystal Cave,* Hodder & Stoughton, London 1970.

Stewart, Mary *The Hollow Hills,* Hodder & Stoughton, London 1974.

Stewart, Mary *The Last Enchantment,* Hodder & Stoughton, London 1979.

Temple, Robert *The Sirius Mystery,* Sidgwick & Jackson, London 1976.

Tester, M. H. *But What Do We Tell The Children?* Psychic Press, London 1976.

Tolkien, J. R. R. *The Hobbit,* Allan & Unwin, London 1971.

Tolkien, J. R. R. *The Lord of the Rings,* Allan & Unwin, London 1971.

Underwood, Guy *Pattern of the Past,* Museum Press, London 1969.

Watkins, Alfred *The Old Straight Track,* Garnstone, London 1970.

Wilhelm, Richard *The I-Ching,* (Book of Changes) R.K.P., London 1975.

Deutsche Ausgaben

Bradley, Marion, *Die Nebel von Avalon,* Michael Joseph, London 1983

Jung, C. G., *Archetyp und Unbewußtes,* R. K. P, London 1969

Laotse, *Tao-Te-King,* Wildwood House, London 1957

Tolkien, J. R. R., *Kleiner Hobbit und der große Zauberer,* Allan & Unwin, London 1971

Tolkien, J. R. R., *Der Herr der Ringe,* Allan & Unwin, London 1971

Der Autor und der Illustrator haben weitere Werke dieses Themenkreises geschaffen:
»Merlin the Immortal«, Peter Quiller und Courtney Davis, 1984
»The Celtic Art of Courtney Davis«, Courtney Davis, 1985
»The Celtic Art Source Book«, Courtney Davis, 1988.

Der Celtia Catalogue ist erhältlich bei Courtney Davis in Woodbine Cottage, Newcause, Buckfastleigh, South Devon TQ11 OAZ, England.
Sind Sie noch an weiteren Veröffentlichungen sowie den Biografien der vier alten keltischen Krieger interessiert, wenden Sie sich bitte an Firebird Books Ltd oder ihren Vertreter.

Index